日々の暮らしに欠かせないスー

行き慣れたお店は、どの商品か
わかって便利ですよね。

一方で初めて訪れたお店では、見たことのない品
物や陳列の違いにわくわくできます。それが旅先で
あればその土地の文化や食生活、風習に触れられ
る絶好の機会となります。

沖縄には県内だけで店舗展開する5大スーパーチ
ェーンがあります。その店舗数は約170。それらのお
店に訪れれば沖縄をより身近に感じ、魅力に気付け
ることでしょう。

うちなーんちゅは普段行かないお店にも足を運ぶこ
とで、日々の生活にちょっとした変化をもたらすかもし
れません。

この本は誰もが気軽に沖縄県内各地のスーパーに
訪れられるようにまとめました。ページをめくりながら、
「あなただけのお気に入りの品」、「お気に入りのお
店」が1つでも見つけられたら嬉しいです。

室井昌也

# 沖縄のスーパー お買い物ガイドブック CONTENTS

本書では店舗、商品など2023年10月時点の情報を扱っています。現況と異なる場合もございますのでご了承ください。

## バス番号別路線図　※一部の路線のみ掲載

路線バス情報提供

**バスマップ沖縄**

本書では一部を除き、2023年10月末日現在の情報を扱っています。発刊後に路線の改廃等が実施される可能性がありますので、バスをご利用の際は最新情報をご確認下さい。沖縄県内のバスの最新情報は、「バスマップ沖縄」のウェブサイト（http://www.kotsu-okinawa.org）をご覧下さい。なお本書内の誤記等による責には応じかねます。

玉木製菓
**塩小亀せんべい**
129円

小さめサイズが
食べやすい塩味
せんべい

玉木製菓
**梅小亀**
129円

梅風味の亀の
甲せんべい。食
べたらハマる

玉木製菓
**いか味いかべえ**
124円

ふわふわサクサク
のいか味せんべい

# 沖縄のスーパーマーケットで買える
# うちなーんちゅ愛されフード
# 大集合！

サンシオ
**こわれ塩せんべい**
135円

規格外のものを集めた
タイプ。おつまみにも

上間菓子店
**スッパイマン
甘梅一番**
（65g）486円

すっぱさと甘さ
がミックス。常備
しよう！

丸眞製菓
**チビまる
塩せんべい**
280円

チャック付きで
便利なミニ塩せ
んべい

伊江食品
**みそ入りピー糖**
410円

みそ入りのピー
ナッツ糖。クセ
になる味

丸玉製菓
**タンナファクルー**
464円

黒糖味の甘食
風のお菓子。牛
乳に合う！

丸吉
**天使のはね**
〜 沖縄のお菓子 〜
235円

ふわっとして口の中で
溶ける不思議な食感

オキハム
**ガッツくん**
154円

とうがらしと石垣の塩
の絶妙な組み合わせ

ケンコーフーズ
**紅芋かりんとう**
192円

昔なつかしい味と食感
の紅芋かりんとう

丸眞製菓
**はちゃ棒**
321円

沖縄の伝統お菓子。
個包装タイプです

玉木製菓
**梅花**
118円

梅味が効いたサクサク
食感のスナック菓子

丸吉
**天使のはね 梅味**
〜 沖縄のお菓子 〜
289円

おにぎりに入れても
OK。美味な口溶け

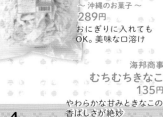

海邦商事
**むちむちきなこ**
135円

やわらかな甘みときなこの
香ばしさが絶妙

**セイカ**
## シークヮーサーアメ
（6箱入）**594円**
シークヮーサー果汁
使用のさわやかな飴

**オキコ**
## シークヮーサーのど飴
**237円**
沖縄県産シークヮーサー
果汁と月桃葉を使用

御菓子御殿
## 南国こんがりパイン
（小）**810円**
果肉たっぷりのトロ
ピカルスイーツ

**オキコ**
## グミんちゅ
## 沖縄パイン味
**149円**
沖縄産パイナッ
プル果汁使用。
食べてみちゅ

**南風堂**
## ゴーヤーチップス
**162円**
苦味を楽しむパリパリ
チップス。ハマるかも

**いえじま家族**
## ケックン 塩味
**507円**
全粒粉の生地を
薄く揚げた小麦
チップス

**いえじま家族**
## ケックン
## 黒糖＆シナモン味
**507円**
黒糖＆シナモ
ン味のケックン。
軽くて美味

沖縄ならではの
素材をいかしたお菓子！

**オキハム**
## 沖縄しま豚ジャーキー
**247円**
赤唐辛子と味噌がしま豚の
うまみを引き出す

**しまふく**
## みそクッキー
（袋入）**270円**
久米島産のみそ
使用のクッキー。
懐かしい味

**沖縄美健**
## 塩トマト
ぬちまーす使用
**332円**
沖縄の海塩「ぬ
ちまーす」とトマ
トの出会い

南都物産
## 石垣の塩
## 島ナッツ
縦長袋
**127円**
カリっと食感と
塩味。お菓子に
おつまみに

**オキハム**
## ミミガージャーキー
**306円**
ミミガー（豚の耳）を
使ったジャーキー

**仲宗根食品**
## じーまーみ黒糖
（大）**440円**
ピーナッツとごつごつの
黒糖がベストマッチ

**垣乃花**
## バナナチップ黒糖
**259円**
多良間島産黒糖
使用。バナナチ
ップ×黒糖

**垣乃花**
## 柿ピー黒糖
**237円**
沖縄の加工黒
糖と新潟の柿
の種がコラボ

黒糖
大好き！

**伊江食品**
## ピーナッツ糖
**410円**
ピーナッツにしっとりと
黒糖がからんで◎

**琉球フロント**
## 黒糖ドーナツ棒
**540円**
黒糖蜜と国産小麦を使用
した細長いドーナツ

**シュガーハウス**
## くるみ黒糖
**127円**
黒糖をくるみ
にまぶしたお
茶菓子

**琉球黒糖**
## ミント黒糖
**257円**
スッキリ甘く爽
やかな香り。他
にはない味

かねよし
## 島とうがらし
（コーレーグース）
**515円**
泡盛にとうがらしを漬け込んだ調味料

湧川商会
## A1ソース
**429円**
ステーキといえばコレ。甘酸っぱさが大人気

木戸食品
## まるた酢
**246円**
沖縄では欠かせない酢。酸度が強い合成酢

オキハム
## シークヮーサーぽん酢
**370円**
酸味が魅力。鍋料理やお刺身、サラダにも

チョーコー
## カップいなむるちみそ
**409円**
沖縄料理に欠かせない甘口の白みそです

磯じまん
## スッパイマンのり佃煮
**213円**
のり佃煮に甘酸っぱさをミックス！

久米島みそ食品
塩分控えめ **あわせみそ**
## 久米島みそ 赤
**540円**
昔の製法を受け継いだ塩分控えめあわせみそ

キャンベル
## クリームチキンスープ
**185円**
沖縄の定番の味。食堂でも出てくるスープ

ネスレ
## ワシミルク
**329円**
植物油脂入りのコンデンスミルク

ホーメル
## スパムレギュラー
**460円**
おにぎりやチャンプルーにぴったりのポーク

チューリップ
## ポークランチョンミート
（340g）**410円**
デンマーク産のポークランチョンミート

オキコ
## オキコラーメンまろやかなチキン味
**162円**
軽いランチやおやつにピッタリの人気商品

かねよし
## 沖縄産乾燥もずく
**280円**
さっともどして簡単料理。約25倍にふえます

大城海産物加工所
## たこ次郎
**615円**
たこのプリプリとした食感に塩辛さと甘さ

大塚食品
## ボンカレー 辛口
**111円**
沖縄限定のパッケージ。おみやげにも！

かねよし
## 宮古島産乾燥アーサ
**432円**
使いやすい乾燥タイプ。磯の香りがいっぱい

丸昇物産
## アーサお茶づけ
**432円**
アーサ（あおさ）のお茶漬けをサラサラっと

沖縄製粉
## 沖縄風天ぷら粉
**213円**
沖縄のソウルフードを家庭で作る！

奥原鰹節店
## 宮古・伊良部島産まぐろ削り節
**753円**
かつお節ではなくまぐろ節。うどんのだしに

オキハム
くーぶいりちー
267円
常温保存の昆布の炒め物。おかずの一品に

オキハム
タコライス 箱タイプ
(2袋入り) 429円
ご飯にのせるタコスミート。クセになる味

オキハム
タコハッシュ
194円
タコス味のコンビーフハッシュ。使い方色々

オキハム
軟骨そーき
(柔らかスペアリブ・ゴボウ入り)
224円
豚軟骨とゴボウを沖縄風に煮込みました

オキハム
いなむどぅち
(沖縄風豚汁)
278円
「イノシシ(豚)もどき」。甘味噌の豚汁

ホーメル
やぎ汁
818円
山羊(ヒージャー)肉をよく煮込みました

ホーメル
三枚肉煮付
645円
砂糖醤油でじっくり煮込んだ豚の三枚肉

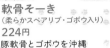

オキハム
らふてい
(沖縄風豚角煮・ごぼう入り)
299円
皮つきの豚バラ肉とごぼうを煮込みました

**おうちで楽しむ沖縄料理!**

オキハム
中味汁
321円
豚もつ(なかみ)を使った定番の汁物料理

オキハム
まぜこみじゅーしいの素
127円
あったかごはんにまぜるだけ!

オキハム
イカ墨じゅ～しいの素
370円
イカと墨を使った沖縄風炊き込みご飯の素

オキハム
イカ汁(墨入)
550円
細切りしたイカと豚肉、イカ墨が入った汁物

オキハム
ちょい盛りおかず
だいこんいりちー
213円
切り干し大根・昆布・豚肉を炒めた料理

オキハム
ハバネロ風味
タコライス
429円
数種類のスパイスとハバネロにホットソース

オキハム
沖縄風ガパオライス
486円
タイの定番料理。温めてご飯にのせるだけ

マルキン海産
味付もずく(鰹だし)
235円
かつおだしの3個パックのもずくです

かねよし
クーブイリチーの具
(45g) 213円
クーブ(昆布)の炒め煮の具。5人前です

沖縄製粉
黒糖アガラサーミックス
289円
水を加えて蒸すだけの黒糖蒸し菓子の素

アンマー
沖縄風ぜんざい
(170g) 118円
黒糖の優しい甘さが特徴。夏、冬どちらも

南都物産
沖縄県産
島らっきょう酢漬け
864円
県産島らっきょうとぬちまーす(塩)を使用

ぐしけんパン
**なかよしパン**
**383円**
ココア生地にバニ
ラ風味クリームを
サンド

ぐしけんパン
**うず巻サンド**
**178円**
特製バタークリームを
うず巻状に包みました

オキコ
**ゼブラパン**
**236円**
ピーナッツクリーム
をサンドした人気
のパン

うちなーんちゅ
定番のパン!

ぐしけんパン
**健康パン**
**278円**
ソフトな食感の定番の
パン。16枚入り

オキコ
**スナックパン**
**278円**
スナック菓子の
ようにさくっと
食べられる

明星
**沖縄そば・袋**
(5パック入り) **540円**
もちもち食感の麺とか
つお昆布だしと豚だし

沖縄ポッカ
**さんぴん茶**
(600ml) **108円**
緑茶に香りをつけた
ジャスミン茶

マルタケ
**沖縄そば
だし付き**
**203円**
乾麺タイプの沖
縄そば。そばだ
し付きです

やっぱり
沖縄そば!

ほっと
ひと息

ポッカサッポロ
**宮古島ハイビスカスティー**
**151円**
緑茶をベース
にしたすっきり
とした味わい

三倉食品
**生沖縄そば**
(2食袋) **516円**
半生麺。スープは
あっさり豚骨とか
つおだし

リードオブジャパン
**さんぴん茶
ティーバッグ**
(5g×44袋) **321円**
水出し・煮出し両用タイプの
ティーバッグ

オリオンビール
**ザ・プレミアム**
(350ml) 255円
沖縄の自然から
発見の新酵母の
新しい味わい

オリオンビール
**ザ・ドラフト**
(350ml) 247円
沖縄といえばコレ。デザインTシャツも人気

オリオンビール
**新・麦職人**
(350ml) 173円
キレとコクのある発泡酒。定番ブランド

オリオンビール
**75(ナゴ)ビール
CRAFT LAGER**
(350ml) 286円
名護の醸造家が素材にこだわったビール

オリオンビール
**WATTA
パッションフルーツ**
(350ml) 173円
芳醇な香りと心地よい甘酸っぱさが特徴

オリオンビール
**WATTA
シークヮーサー**
(350ml) 173円
シークヮーサーの酸味
と甘みのバランスが◎

オリオンビール
**WATTA
雪塩シークヮーサー**
(350ml) 173円
宮古島の雪塩と酸味の
さっぱりとした味わい

南都ワールド
**ハブ酒** 泡盛25度
(180ml) 786円
13種のハーブ
エキス入りの
芳香豊かなハブ酒

スーパーで買ってみんなで乾杯！

久米島の久米仙
**久米島の
久米仙ブラウン**
泡盛30度
(720ml) 987円
味、香り、コク
ともに爽やか
な飲み心地

久米島の久米仙
**久米島の
久米仙パック**
泡盛30度 (1800ml)
1,636円
爽やかな飲み
口が特徴の紙
パック泡盛

比嘉酒造
**残波ブラック**
泡盛30度
(720ml) 1,064円
キリッとした味
わいが特徴の
「ザンクロ」

比嘉酒造
**残波ブラック・パック**
泡盛30度
(1800ml) 1,598円
パックタイプの
ザンクロ。飽き
のこない泡盛

ソフトドリンクでも乾杯！

沖縄バヤリース
**バヤリース
オレンジ**
(500ml) 145円
70年以上、親し
まれているバヤ
リース

沖縄バヤリース
**バヤリース
南国グァバ**
(500ml) 151円
南国果実のやさしく
甘い香りが特徴

A&W
**ルートビア**
135円
「A&W」の定番。好きな
人はハマる炭酸飲料

沖縄ボトラーズ
**シークヮーサー
PET**
(550ml) 108円
沖縄県産果汁使用
のシークヮーサー
ジュース

勝山
**カーブチードリンク**
138円
沖縄原産カー
(皮)ブチー(分
厚い)みかん

マルマサ
**ミキドリンク**
127円
昔から飲まれる
発酵飲料「飲む
極上ライス」

御菓子御殿
**紅いもタルト**
(6個) 918円
みんな大好き
沖縄みやげの定
番中の定番

**おみやげも
スーパーで
お手軽に！**

ナンポー
**べにいもたると**
(5個) 864円
沖縄県産べにい
もを100%使用

南風堂
**雪塩ちんすこう**
(48個入) 1,080円
宮古島の雪塩を使用
したちんすこう

南都物産
**ハブの毒クッキー**
518円
激辛クッキーが12枚
中2枚入っています

パラダイスプラン
**雪塩さんど**
(6個入) 1,099円
エアインチョコと
軽やかビスケット
がマッチ

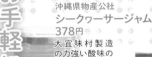

沖縄県物産公社
**シークヮーサージャム**
378円
大宜味村製造
の力強い酸味の
あるジャム

沖縄農園
**おきなわんドーナッツ**
669円
優しい味わいとサクッ
とした食感

南都物産
**石垣牛スパイシー
風味ナッツ**
つり下げタイプ
(5パック) 356円
石垣牛の風味
をスパイシーに
仕上げたナッツ

サン食品
**オリオン
ビアナッツ**
つり下げタイプ
(5パック) 397円
食べやすいパッ
クのビール酵母
入りのナッツ

メック・インターナショナル
**海ぶどう** (塩水漬け)
(120g) 753円
プチプチ感を楽しむお
みやげ商品

前原食品
**沖縄県産豚入り油味噌**
321円
豚肉の旨み入りのアン
ダンスー（油味噌）

沖縄北谷自然海塩
**ちゃたんの塩**
308円
低い沸点（65℃）で時
間をかけて作ったお塩

珍品堂
**小袋ミックスちんすこう**
138円
プレーン、黒糖、
紅いもの3つの
味

オキハム
**タコライス風味ふりかけ**
432円
ふりかけでタコライス
風味を楽しむ！

珍品堂
**贅沢カフェタイム
ちんすこう コーヒー**
159円
生地にコーヒー
豆を練り込んだ
上品な味わい

ながはま製菓
**袋ちんすこう**
(12袋入) 267円
4種類が一度に楽しめ
るアソート商品

ファッションキャンディ
**ちんすこうショコラ** (ミルク)
378円
ミルクチョコレ
ートでコーティン
グ

ナンポー
**塩ちんすこう**
(ちゃたんの塩入り)
386円
ちゃたんの塩を
使用した丸いち
んすこう

県外メーカーなどの
沖縄限定商品！

**カルビー**
**ポテトチップス**
**シークヮーサー味**
**129円**
シークヮーサーと石垣
の塩を使ったポテチ

**コカ・コーラ**
**ファンタ**
**シークヮーサー**
**（500ml）151円**
爽やかで華やか
な南国由来の限
定フレーバー

**おやつカンパニー**
**沖縄限定**
**ベビースター**
**島とうがらし味**
**429円**
「島とうがらし」と
ベビースターのコラボ

**森永**
**ハイチュウ シークヮーサー**
**756円**
沖縄県産シークヮーサー果汁を使用

**UHA味覚糖**
**沖縄限定**
**ぷっちょ**
**パイナップル**
**（5本入り）753円**
ぷちぷち沖縄産パイン
果汁グミ入り

**斉藤製菓**
**沖縄限定**
**紅芋 プレッツェル**
**194円**
豊かな紅いもの
風味が楽しめる
プレッツェル

**沖縄明治乳業**
**それいけ！アンパンマン**
**アイスバー**
**95円**
沖縄限定で長年愛されている
アイスバー

※一般的な価格を記載しています（税込）。各スーパーでお取扱いがない場合もあります。

# 沖縄のスーパーの ここをチェック!!

うちなーんちゅには当たり前でも、県外の人からすると新鮮に感じることがスーパーの中にはたくさんあります。違いや良さをチェックしてみてください!

## おみやげ買うならスーパー!

多くのお店のお菓子コーナーには「県産菓子」と記された棚があります。巻頭(P.4)で紹介の品々をスーパーで探してみましょう。

←沖縄県産コーナーを表示(サンエー浦添西海岸パルコシティ)

↓充実の品揃え(栄町りうぼう)

↑大型店なら雑貨類も取扱い(サンエー浦添西海岸パルコシティ)

←人気の定番商品もゲット!(サンエー浦添西海岸パルコシティ)

↑空港にはない小さめのサイズも(マリンプラザかねひで 東浜市場)

## ツナ缶は箱買い!

ちゃんぷるー(炒めもの)などに欠かせないツナ。沖縄県は「シーチキン」の消費量が全国平均のなんと約4倍です!
(はごろもフーズ社調べ)

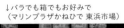

✓ドドンと箱で平積み(サンエー浦添西海岸パルコシティ)

↓バラでも箱でもお好みで(マリンプラザかねひで 東浜市場)

## 色鮮やかな お魚！

↑「おじさん」とも呼ばれるカタカシ（マリンプラザかねひで 東浜市場）

水族館も楽しいですがスーパーでも珍しいお魚を目にすることができます。店内には調理法が詳しく書かれたポップも掲示されています。

↑マクブ、ミーバイは白身の高級魚（マリンプラザかねひで 東浜市場）
←マーマチ（オオヒメ）はムニエル、ミミジャー（ヒメフエダイ）はマース（塩）で蒸し煮に（マリンプラザかねひで 東浜市場）

↑アーガイ（ヒブダイ）は刺身、煮つけで（マリンプラザかねひで 東浜市場）

## 豆腐が 「あちこーこー」 って？

「できたて」、「あつあつ」のこと。「あちこーこー島豆腐」は独特の食文化。食品衛生管理基準「HACCP（ハサップ）」に沿って販売されています。

↑人気の豆腐店の入荷時間を表示（マリンプラザかねひで 東浜市場）

↓冷蔵販売の豆腐もとっても充実（栄町りうぼう）

↑出来立ての豆腐をお店で温度管理して販売（栄町りうぼう）

← 納品時間を見やすく表示（サンエー浦添西海岸パルコシティ）

## 「そば」の 種類が豊富！

そば粉は使わず小麦粉とかん水を練って作る沖縄そばの麺。生麺、乾麺とたくさんの種類が店頭に並びます。そばつゆの品揃えも豊富です。

↑生麺だけではなく乾麺も（マリンプラザかねひで 東浜市場）

↑地域ごとの生麺が揃っている（栄町りうぼう）

↑広いスペースに麺が並ぶ（サンエー浦添西海岸パルコシティ）

↑そばつゆも豊富な品揃え（栄町りうぼう）

←好みのそばがきっと見つかる（マリンプラザかねひで 東浜市場）

**13**

## まぐろが お買い得。 知ってた？

沖縄は4種類のまぐろが水揚げされ、漁場が近いことから冷凍ではなく鮮度を保ったままスーパーにも並びます。お買い得でおいしいです！

↑「解凍」ではなく「生」が主流（栄町りうぼう）

↑とんぼまぐろは「びんちょうまぐろ」とも呼ばれる（サンエー浦添西海岸パルコシティ）

→キメジマグロはキハダマグロの幼魚（マリンプラザかねひで 東浜市場）

## やっぱり 豚肉 パラダイス!!

沖縄料理といえば豚肉を使ったものが数多くあります。スーパーでは様々な部位を取り扱っています。各社のブランド豚も販売されています。

↑沖縄といえばアグー（サンエー浦添西海岸パルコシティ）

↓ブランド豚「ちゅらぶた」（マリンプラザかねひで 東浜市場）

↑オリジナルブランド豚「リウポーク」（栄町りうぼう）

↑もちろんてびち（豚足の煮つけ）も（サンエー浦添西海岸パルコシティ）

↑「中身汁」に使う豚の内臓（サンエー浦添西海岸パルコシティ）

↑ラフテー（角煮）、ソーキ（スペアリブ）も充実（マリンプラザかねひで 東浜市場）

## 手軽に 沖縄料理！

「食堂でおいしかったあの料理を家でも食べたい！」、そんな観光客のおみやげにおススメなのがレトルト食品の沖縄料理のラインアップです。

↓レトルト食品で手軽に食卓に（サンエー浦添西海岸パルコシティ）

↑種類が豊富（栄町りうぼう）

↑チルドでも（サンエー浦添西海岸パルコシティ）

↑チラガーは豚の顔の皮、ミミガーは耳（サンエー浦添西海岸パルコシティ）

↓やっぱりタコライス！（サンエー浦添西海岸パルコシティ）

## 欠かせないランチョンミート！

↑ずらりと缶が並ぶ（サンエー浦添西海岸パルコシティ）

↓プライベートブランド商品も（マリンプラザかねひで 東浜市場）

「SPAM（スパム）」に代表されるランチョンミート、沖縄では「ポーク」と呼ばれます。「TULIP（チューリップ）」やスーパーオリジナル商品も人気です。

## 意外？和菓子が充実

↓お供えセットも（栄町りうぼう）

←種類が豊富（栄町りうぼう）

←「ウチャヌク」は三段重ねのお供え餅（サンエー浦添西海岸パルコシティ）

→材料も揃います（サンエー浦添西海岸パルコシティ）

アメリカ文化が残る沖縄ですが、どのスーパーも「和菓子」のコーナーや材料が充実しています。旧暦行事にお供えをする機会が多いからです。

## みんなに愛されるパン！

↑県内メーカーがずらり（マリンプラザかねひで 東浜市場）

スーパーには人気のご当地パンメーカーの商品がずらりと並びます。その一部はP.8でも紹介しています。お気に入りのパンを見つけましょう！

→菓子パンは大きくて多彩（マリンプラザかねひで 東浜市場）

# 沖縄の イベント 行事 カレンダー

沖縄の旧暦行事やスーパーの売れ筋商品を紹介したイベントカレンダーです。時期ごと変化する店内の装飾やワゴン、品揃えとともにチェックしてください。那覇市の月別の平均気温、日の出と日没時間も掲載。参考に東京のデータも併記しています。

・日の出、日没は2024年の各月15日の時間　・平均気温は2023年のデータ（※10〜12月のみ2022年）

| | 新暦 | 旧暦 | 行事 | スーパーの売れ筋商品 | 那覇市の平均気温 日の出 日没 | (参考)東京の平均気温 日の出 日没 |
|---|---|---|---|---|---|---|
| **1月** | 18日 | 12月8日 | 鬼餅（ムーチー）<br>月桃の葉で餅を包んで蒸した「ムーチー」を火の神（ヒヌカン）や仏壇に供える行事 | ムーチー | 🌡 17.5<br>☀ 7:18<br>🌅 17:59 | 🌡 5.7<br>☀ 6:50<br>🌅 16:50 |
| **2月** | 1日〜下旬<br>3日<br>9日<br>10日<br>13日<br><br>14日<br>16日<br>11〜22日<br>25日<br>29日 | <br><br><br>1月1日<br>1月4日<br><br><br>1月7日<br>1月2〜13日<br>1月16日<br>1月20日 | プロ野球春季キャンプ<br>節分<br>年の夜（トゥシヌユルー）<br>旧正月（ソーグヮチ）<br>火の神迎え（ヒヌカンウンケー）<br>火の神を迎える日<br>バレンタインデー<br>七日節句（ナンカヌシク）<br>生年祝い（トゥシビー）<br>十六日祭（ジュールクニチー）<br>二十日正月（ハチカソーグヮチ） | 沖縄そば<br><br>オードブル、重箱、刺身<br>ウチャヌク<br>お供えセット、果物ギフト | 🌡 19.0<br>☀ 7:06<br>🌅 18:22 | 🌡 7.3<br>☀ 6:29<br>🌅 17:22 |
| **3月** | 1日<br>3日<br>14日<br>24日 | <br><br><br>2月15日 | 公立高校卒業式<br>ひな祭り<br>ホワイトデー<br>二月ウマチー（ニングヮチウマチー） | お菓子のレイ（首飾り）<br>ちらし寿司 | 🌡 20.0<br>☀ 6:39<br>🌅 18:38 | 🌡 12.9<br>☀ 5:52<br>🌅 17:49 |
| **4月** | 4日<br><br>8日<br>11日<br>23日 | <br><br><br>3月3日<br>3月15日 | 清明祭（シーミー）祖先のお墓参りをして、みんなで飲み食べをして過ごす<br>公立高校入学式<br>浜下り（ハマウリ）<br>三月ウマチー（サングヮッチウマチー） | オードブル、重箱、刺身<br><br><br>あさり、三月菓子 | 🌡 22.5<br>☀ 6:06<br>🌅 18:53 | 🌡 16.3<br>☀ 5:08<br>🌅 18:14 |

| | 新暦 | 旧暦 | 行事 | スーパーの売れ筋商品 | 那覇市の平均気温 日の出 日没 | (参考)東京の平均気温 日の出 日没 |
|---|---|---|---|---|---|---|
| **5月** | 3〜5日 | | 那覇ハーリー | 豊漁と海の安全を祈願する爬龍船競争（ハーリー）が行われる | 🌡 24.3 ☀ 5:43 ☀ 19:09 | 🌡 19.0 ☀ 4:36 ☀ 18:39 |
| | 第2日曜日 | | 母の日 | | | |
| | 15日 | | 本土復帰記念日 | | | |
| | 21、22日 | 4月14、15日 | 畦払い（アブシバレー） | | | |
| **6月** | 9日 | 5月4日 | 四日の日（ユッカヌヒー） | ポーポー | 🌡 27.2 ☀ 5:37 ☀ 19:23 | 🌡 23.2 ☀ 4:25 ☀ 18:59 |
| | 9日 | 5月4日 | 糸満ハーレー | | | |
| | 10日 | 5月5日 | 五月五日（グングァチグニチ） | | | |
| | 第3日曜日 | | 父の日 | | | |
| | 20日 | 5月15日 | 五月ウマチー（グングァチウマチー） | | | |
| | 23日 | | 慰霊の日 | | | |
| **7月** | 20日 | 6月15日 | 六月ウマチー（ルクグァチウマチー） | マンゴー | 🌡 29.6 ☀ 5:46 ☀ 19:24 | 🌡 28.7 ☀ 4:37 ☀ 18:57 |
| | 30日 | 6月25日 | 六月カシチー | | | |
| **8月** | 10日 | 7月7日 | 七夕 | オードブル、重箱、刺身 ジューシー | 🌡 28.6 ☀ 6:02 ☀ 19:06 | 🌡 29.2 ☀ 5:00 ☀ 18:31 |
| | 16日 | 7月13日 | 旧盆・迎え日（ウンケー） | | | |
| | 17日 | 7月14日 | 旧盆・中の日（ナカヌヒー） | | | |
| | 18日 | 7月15日 | 旧盆・送り日（ウークイ） | | | |
| | 23〜25日 | | 沖縄全島エイサーまつり | | | |
| **9月** | 10日 | 8月8日 | 米寿（トーカチ） | フチャギ | 🌡 28.7 ☀ 6:15 ☀ 18:34 | 🌡 26.7 ☀ 5:24 ☀ 17:48 |
| | 12日 | 8月10日 | 八月カシチー | | | |
| | 第3月曜日 | | 敬老の日 | | | |
| | 17日 | 8月15日 | 八月十五日（ジュウグヤー） | | | |
| | 17日 | 8月15日 | 糸満大綱引 | | | |
| **10月** | 9日 | 9月7日 | 風車祭（カジマヤー） | | 🌡 26.0 ☀ 6:28 ☀ 18:01 | 🌡 17.2 ☀ 5:47 ☀ 17:06 |
| | 11日 | 9月9日 | 菊酒（チクザキ） | | | |
| | 12〜14日 | | 那覇大綱挽 | | | |
| | 31日 | | ハロウィン | | | |
| **11月** | 1日 | 10月1日 | 竈まわり（カママーイ） | | 🌡 23.6 ☀ 6:48 ☀ 17:40 | 🌡 14.5 ☀ 6:17 ☀ 16:34 |
| | 15日 | | 七五三 | | | |
| **12月** | 21日 | 11月21日 | 冬至（トゥンジー） | ジューシー | 🌡 18.6 ☀ 7:09 ☀ 17:40 | 🌡 7.5 ☀ 6:43 ☀ 16:29 |
| | 25日 | | クリスマス | | | |
| | 31日 | | 年の夜（トゥシヌユルー） | 沖縄そば | | |

# 沖縄の地元5大スーパーをご紹介！

沖縄には県内だけで店舗を展開する5大スーパーチェーンがあります。各社それぞれに特長があり地元の人たちに愛されています。観光客にとってもホテルや観光地の近くにスーパーがあると知れば、旅の快適さが増すでしょう。本書では5社の全面協力でそれぞれを詳しく紹介。全店舗一覧も掲載しています。

## サンエー
### P.20〜
全店舗紹介はP.74〜

**株式会社サンエー**
**スーパー創業（1号店開店）**
1970年7月
**ロゴ**
3つの正三角形は「責任」、「義務」、「権限」を表す。円は「チームワーク」。

沖縄県内
**68**
店舗

## かねひで
### P.30〜
全店舗紹介はP.86〜

**金秀商事株式会社**
**スーパー創業**
1982年7月
**ロゴ**
ハトのマークが人と人との交わりを表している

沖縄県内
**57**
店舗

# ユニオン

## P.40〜

全店舗紹介はP.96〜

**株式会社野嵩商会**

スーパー創業（1号店開店）
1987年3月
**ロゴ**
「団結」、「協力」、「助け合い」を
意味する「UNION」の頭文字

沖縄県内 **20** 店舗

# リウボウストア

## P.50〜

全店舗紹介はP.100〜

**株式会社リウボウストア**

スーパー創業（1号店開店）
1984年4月
**ロゴ**
「リウボウ」の名はグループ企業
「デパートリウボウ」の前身「琉球
貿易商事」から。ひらがなの「り
うぼう」はスーパーとしてのロゴ、
「Ryubo」は昭和当時にデパートリ
ウボウで採用のロゴの復刻版。

沖縄県内 **13** 店舗

# 丸大 (まるだい)

## P.60〜

全店舗紹介はP.104〜

**株式会社丸大**

スーパー創業（1号店開店）
1948年3月（大城商店として開業）
**ロゴ**
創業者の息子が3兄弟であることに
由来した3羽の鳥

沖縄県内 **10** 店舗

**19**

# ちょっといいものが幅広く揃う
# 大型SC内のお店も多数

ショッピングセンター

店舗数は県内最多。ショッピングセンターの中にある食品館と、店名に「V21（ブイ・ツーワン）」を冠した食品館単独の店舗があります。地域に密着し「お客様の冷蔵庫がわり」をモットーに、毎日の食生活に欠かせない新鮮な商品を豊富に揃えているお店です。

生活に
マッチした
色々な物を
揃えています

行事に
合わせた
商品が充実
しています

取材にご協力くださったサンエー営業企画部の下里さん、仲得さん、経営企画部・財務部の玉寄さん（写真左から）

# 広々として見ていて楽しい！

沖縄県内（宮古・石垣含む）に25の総合店舗を運営。食品館の他、衣料館、外食レストランとしてサンエーオリジナルブランドの「和風亭」や「珈琲待夢」もあります。また、12社とフランチャイズ締結し、「エディオン」、「マツモトキヨシ」、「無印良品」の他、外食レストランの「大阪王将」、「ジョイフル」なども出店しています。

那覇市内の那覇新都心と呼ばれるおもろまちにあるのが「那覇メインプレイス」（写真左上）。シネマコンプレックスもあって1日中楽しめます。2019年には「浦添西海岸パルコシティ」（写真右上）がオープン。県内最大級の商業施設で海沿いの最高のロケーションに立地しています。どちらにも広々とした食品館があります。

我が家では
サンエーの
お肉が人気です

# ペイ・デイセール

うちなーんちゅならみんな知ってる「ペイ・デイセール」。「ペイ・デイ」とは給料日のことで「給料日にお得にお買い物してもらおう」と始まった特売日です。現在は毎月5日前後に行われています。かつてテレビのCMソングの「英語の歌詞は何て言っている?」と話題に。「エブリーマンス　5（ゴー）、6（ロク）」の部分のヒヤリングが難しかったようです。

## 人気のオリジナルハンバーグ！

お弁当にぴったりサイズで焼くだけでオッケーなハンバーグ。サンエーが自社工場で作っている人気のオリジナル商品です。多くの家庭の冷蔵庫には必ず入っているという定番の食材です。チーズインハンバーグもあって飽きがきません。サンエーオリジナルでは「お肉屋さんの餃子」もおいしくてコスパがいいと人気があります。

サンエーオリジナルハンバーグ8個入り、チーズインハンバーグ6個入り、いずれも429円（税込）※

ピーマンの肉詰めを作る時にもおススメです

## 大好きサンチキ！

沖縄でみんなが大好きなのがチキン。サンエーのチキン「サンチキ」はたくさんの人に愛されています。骨付きのドラム（写真左）と骨なし（右）のブラザー。12種類のスパイスとハーブを使った味はおかずにもおつまみにも合うと大人気です。骨付き、骨なしがパックに入ったオリジナルセットもあります。お惣菜コーナーで！

サンチキ（チキンドラム）1本170円（税込）、サンチキ　ブラザー（骨なし）1枚178円（税込）※

※価格は本書編集時点のもので、変動の可能性があります。

# 金賞受賞の唐揚げ!!

唐揚げもみんな大好き！サンエーの「旨塩鶏唐揚げ」は第14回からあげグランプリ（日本唐揚協会主催）で「西日本スーパー総菜部門」で金賞を受賞。沖縄県産の3種類の塩を独自に配合。鶏のコクと旨味を引き出しています。特製のにんにくだれに漬け込み、和風だしと県産のパイナップルの果汁もおいしさを引き立てています。

1パック約370g
790円（税込）※

3種類の塩が口の中に時間差で広がります

まとめ買いすることが多い日曜日は食料品がお買い得な「日曜市」。生鮮食品はもちろん、沖縄で需要が多い缶詰、レトルト食品などの保存がきく商品も日曜日はまるごと1日お得がいっぱいです。P.26〜27に掲載のちらしをチェックしてみてください。最新のちらしはホームページでも見ることができます。

## 楽天Edyで貯めたポイントがサンエーで使える！

サンエーEdyカードは年会費無料。ポイントカードと楽天Edyカードが1枚になった便利なカードです。サンエーでのお買い物では現金、楽天Edyどちらの支払いでも200円（税別）につき1ポイント、サンエー以外の全国のお店でも楽天Edyでの支払いで200円（税別）につき1ポイント、サンエーポイントが貯まります。

貯まったサンエーポイント使えます！

1ポイント ▶ 1円

貯まったサンエーポイントは、
1ポイント＝1円として サンエー衣料館・食品館
でのお買い物で使えます。

いつもチャージしてからお買い物しています

ポイント利用の仕方

サンエー 衣料館・食品館 でお会計の際に

ポイント支払いで

とお申しつけください。

1,000ポイント貯まると

サンエーお買物券がもらえます！

¥1000

# 成城石井、ローソンセレクトも！

高品質、安全、安心を求める消費者に人気の「成城石井」の一部の商品を食品館全店で取り扱い。大型店ではスペースを広く設けて展開しています。そしてローソンのプライベートブランド「ローソンセレクト」もサンエーで販売しています。沖縄限定商品もあります。またニチリウグループの「くらしモア」、「無印良品」の食品も取り扱っています。

# サンリィに会いに行こう！

サンエー公式キャラクター「サンリィ」。ブーゲンビリアの妖精です。フラワーフェアリー語と日本語を話せて、誰とでも友達になれる明るい性格です。好奇心いっぱいでサンエーのお店にお散歩に来ることも。「サンリィのインスタグラム」ではサンリィのお散歩予定のお知らせがあるので、一緒に写真を撮りましょう！

サンリィが
## お散歩に来たよ！ の巻
〜in浦添西海岸パルコシティ〜
9/16（土）
朝9時半〜11時半頃

| サンエー<br>ホームページ | サンエーアプリ | サンエーネット<br>スーパーアプリ | サンエーのサンリィ<br>インスタグラム |
|---|---|---|---|
| | App Store | App Store | |
|  |  |  |  |
| | Google play | Google play | |
| |  | | |

アプリで
不定期実施の
ガチャの企画が
人気です！

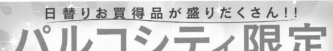

# パルコシティ限定

日替りお買得品が盛りだくさん!!

浦添西海岸 パルコシティ
1F 食品館
営業時間 朝9時〜夜11時
TEL.098-871-1120
広告商品売出し期間 10/11(水)▶10/15(日)

## 10/11(水)限り

お一人様1点限り
北海道産ほか 大根(1本)
本体価格 198円(税込213.84円)

タイ産 鶏モモ正肉 解凍品(100g)
本体価格 69円(税込74.52円)

雪印メグミルク 北海道100 さけるチーズ プレーン(50g)
本体価格 188円(税込203円)

AGF ブレンディ袋 各3点
本体価格 398円(税込429.84円)

くらしモア こめ油(688g)
本体価格 388円(税込419.04円)

クラフトカマンベール入り8Pチーズ(8P) 220円(税込237.6円)

魚肉ソーセージ3本束 99円(税込106.92円)
令和4年産米 108円(税込116.64円)
福島県産ひとめぼれ 1,798円(税込1,941.84円)

nepia Genki! 980円(税込1,078円)

nepia やさしいプレミアムGenki!(Sサイズ) 1,800円(税込1,980円)

雑穀米 全レジ 5%OFF

## 10/12(木)限り

お一人様1パック限り
たまご(定重量)(1パック・10個入)
本体価格 198円(税込213.84円)

お一人様1点限り
長野産ほか レタス(1玉)
本体価格 198円(税込213.84円)

Campbell クリームマッシュルーム・クリームチキン・ベジタリアンベジタブル(各300g)・チキンヌードル(305g) 各 128円(税込138円)

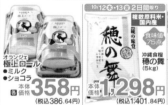
オランジェ 極上ロール ミルク・ショコラ 各 358円(税込386.64円)

沖縄食糧 穂の舞(5kg) 1,298円(税込1,401.84円)

くらしモア ヨーグルト(70g×4個) 128円(税込138.24円)
素焼き紫黒大豆ミックスナッツ6袋 398円(税込429.84円)
芋けんぴ 148円
フルグラ(750g) 698円(税込753.84円)
Dove モイスチャーケア(330g詰替) 198円(税込217.8円)

GEORGIA ケース買いがお得!! 1,620円(1ケース30袋入) 54円
冷凍食品全品 2割引 レジにて
袋ラーメン全品 10%OFF

## 10/13(金)限り

売り切れゴメン!
長野産ほか 白菜(1/4カット)(1パック)
本体価格 98円(税込105.84円)

アメリカ産 牛バラ切落し 冷凍品(300g入)
100gあたり本体価格100円
本体価格 298円(税込321.84円)

キリン 生茶・午後の紅茶おいしい無糖(各2L)
本体価格 108円(税込116円)

くらしモア スライスチーズ(7枚入) 188円(税込203.04円)

ガルシア 有機EXVオリーブオイル(500ml) 598円(税込645.84円)

丸万屋 奴とうふ(150g×3) 88円(税込95.04円)

おやつプリン 118円(税込127.44円)

ライオン キレイキレイ薬用泡ハンドソープ大型(800ml詰替) 395円(税込434.5円)

冷凍食品全品 2割引 レジにて

26

クーブイリチー

ゴーヤ
チャンプルー

ジーマーミ豆腐

ソーメン
チャンプルー

チキン

ミミガー

ナーベーラー

もずく酢

ラフテー

フーチバー

ポーク卵

ポーク卵おにぎり

沖縄そば

足てびち

中味汁

にんじんしりしりー

ジューシー

ぶくぶく茶

タコライス

いなむるち
（いなむどぅち）

イカ墨汁

アーサ

フーチャンプルー

天ぷら

沖縄料理コレクション

# 便利で身近なスーパー
# 生鮮といえばこのお店

「より便利に、もっと身近に地域の皆様とおつきあい」を掲げ、かねひでの前に冠した「タウンプラザ」という名前は公募で決まりました。価格の安さと鮮度の良さ、快適なサービスを特徴に「ご家庭の冷蔵庫代わり」を基本コンセプトにしています。

「生鮮といえばかねひで」の声をよく聞きます

我が家はお寿司、お刺身はかねひでです

那覇市立古蔵中学校前の「こくら中前市場」は店名に文具やボールのイラストが

# 市場系店舗にわくわく

全57店舗のうち、35の「市場シリーズ」のお店は目でも楽しませてくれます。店舗看板は店名の文字に地域を代表する物をコラージュ。また「よなばる市場」は地元の歴史ある行事「与那原大綱曳(よなばるおおつなひき)」のイラストが施されるなど、各市場店とも趣向を凝らしたデザインになっているのが特徴です。

かねひでは庶民派スーパーって感じです

マリンプラザかねひで 東浜(あがりはま)市場は金秀建設が運営する商業施設「マリンプラザあがり浜」内にあります。グループ会社が運営するホームセンター「カインズFCあがり浜店」をはじめ、書店や衣料品店、雑貨のお店などが並んだ広くて明るいショッピングモールです。施設のすぐ目の前は与那原マリーナ。

## 自慢のセール

鮮度が自慢のかねひでならではのセールが、水曜日と土曜日の「大生鮮市」。魚、肉、野菜をはじめとした品々がお得なお値段で取扱いされます。市場シリーズのお店の名物が「野菜のバラ売り」。自分の目で一つ一つ選び、お得な機会にまとめ買いする人も多いようです。

## 新鮮！ 朝どれ市場

県内の市場から直送で販売している朝どれ市場（一部の店舗で実施）。色鮮やかな高級魚は他の地域ではなかなか見られないものばかりです。種類ごとの刺身や焼き魚、煮つけなどの食べ方も詳しく表示されています。自分でさばけないという方のために、無料で調理もお願いできます。沖縄らしさを感じられるコーナーです。

## いつでもチキンドラム！

大きな鶏の骨付きもも肉を使用したかねひでのチキンドラム唐揚げは、みんな知っている人気商品。がっつり食べがいがあってお弁当に追加のもう一品、食卓のおかずに、おやつ、おつまみにと愛されています。香ばしくて濃い目の味付けはクセになるおいしさです。

## 定番のサーターアンダギー

みんなの定番、沖縄を離れた人が思い出す味の一つがかねひでのサーターアンダギーです。サーターアンダギーとは小麦粉と卵に『サーター』（砂糖）を合わせてこねて『アンダ』（油）で『アギ』（揚げ）たお菓子。沖縄風ドーナツとも言えます。サクサク食感で味はプレーンの他に黒糖、紅芋など食べ比べたくなります。

お弁当・お惣菜大賞2022で入選しました

毎月1日はイチ推しがいっぱいの「いっちゃうDAY」。その他にも5日はステーキの日、10日はとと（魚）の日、29日は肉の日、第1金曜日はタコライスフェアを開催しています。タコライスは味付けしたひき肉（タコミート）などタコスの具材をご飯にのせた料理。かねひでは子どもにタコライスが無償提供できる「みらいチケット」協力店です。

## 金、銀受賞のクラフトビール！

金秀ホールディングスではこだわりのクラフトビールの製造をスタート。2023年2月には「ジャパン・グレートビア・アワーズ2023」（日本地ビール協会主催）で、優しい甘みと爽やかな苦みが特徴の「アイピーエー」が金賞。苦みとコク、スッキリとした後味の「スタウト」が銀賞を受賞しました。ぜひ飲み比べてみてください。

## かねひで　CGCグループの商品が豊富

かねひでは全国のスーパーマーケットで構成する協業組織、「CGCグループ」に加盟。CGCグループの商品を数多く取扱い、同商品を広々と陳列したコーナーがある店舗もあります。沖縄ならではの商品だけではなく、全国で親しまれている品々も手に取ることができます。

## 人気のオリジナル商品

オリジナル商品もバリエーション豊富。沖縄では欠かすこととできないランチョンミート（ウインドミル）や、炒め物を作る時に手軽で便利な使い切りサイズの「ちゃんぷるーハッシュ」もあります。

## みんな気になる「かねひでの歌」

店内で流れている歌の歌詞はこちら。

♪ワクワクしよう　ドキドキしよう
のびのびしよう　ウキウキしよう
安心　納得　笑顔でエブリデイ
友達しようー
タウンプラザ　かねひで♪

## 冷凍お肉で安心！

台風の影響を受けることが少なくない沖縄。特に離島ではもしもの時に備えて食料のストックが欠かせません。そんな時に助かるのが「冷凍お肉」。使いたい分だけ解凍できるので便利です。

| タウンプラザかねひで<br>ホームページ | ネットショップ<br>かねひで | タウンプラザかねひで<br>インスタグラム | タウンプラザかねひで<br>X（旧Twitter） |
|---|---|---|---|
|  |  |  |  |

Xで
かねひでの
歌を配信中
です！

イラブー

ウコン

かまぼこ

ゴーヤー

ナーベーラー

パパイヤ

ぜんざい

山羊刺し

ターンム

ドラゴンフルーツ

島ラッキョウ

パイナップル

ムーチー

島バナナ

島豆腐

麩

スターフルーツ

車エビ

海ぶどう

アセロラ

マンゴー

アグー豚肉

野菜と果物

鮮魚

沖縄料理 食材コレクション

那覇ハーリー

糸満ハーレー

全島エイサーまつり

那覇大綱挽

可能な限り

# 24h年中無休 台風でも開いてます
# 挑戦続けるスーパーですから

県内初の年中無休、24時間営業のスーパー。いつでも開いている「フレッシュプラザ ユニオン」はお客様、地域、仲間、未来との「つながるハッピー」を志として、「いい人・いい町・いい暮らし」をモットーにしています。

新しいことへのチャレンジ精神にあふれています

コンビニのようにいつでも行けるお店です

Tシャツ、キーホルダーなどユニオンオリジナルグッズを抽選で10名様にプレゼント！QRコードからご応募ください！

オンラインショップはじめました。
UNION ONLINE OPEN

40

# 合言葉は「ですから」ってナニ？

2021年にオープンした浦添市の経塚店は広々したきれいなお店（写真上）。地下駐車場もあっていつもにぎわっています。同店のみならずユニオンの店内にあふれているのが「ですから」の文字。2000年代にテレビCMでの「ユニオンですから」のキャッチフレーズが定着。県民誰もが知っている合言葉です。命名権を取得した宜野湾市の運動施設名にも入っています（P.127）。

「ですから」は商品名にも反映されています。冷めてもおいしいと人気の「ですから餃子」はその調理工程は公式TikTokで動画が見られます。「ですから」オリジナル商品のスタートは泡盛。沖縄最古の蔵元、新里酒造製造のお酒です。店内にいくつ「ですから」があるか探してみてはいかがですか？

お客様に
いつも楽しんで
いただきたい
です

# 台風の勢力はユニオンで知る？

台風が接近、直撃することが少なくない沖縄。そんな時でも「ユニオンは営業している」というのが地元での共通認識です。「ユニオンの明かりが消えているくらいだから、今回の台風は強い」とユニオンが台風の勢力のバロメーターにもなっています。

ユニオンは24時間年中無休で営業しているので、緊急時でも対応しやすいというのが理由のひとつ。他のスーパーが閉店対応を決めた時点で、営業を継続するかを決めます。その判断基準は台風の進路や勢力、店舗の非常電源が確保できるかなど様々。お客様が事前に備蓄できている状況ではなく、食料不足が懸念されるようであれば店長と現場で協議し決めます。

一番重視しているのはお客様と従業員の身の安全。台風時はお店の中は快適でも、極力外出は控えるべきです。それでもお買い物が必要なお客様には「十分に注意してご来店ください」と呼びかけています。

台風時、
お客様の
感謝の言葉が
嬉しいです

# お得でおいしい店内焼きたてパン

店内のフレッシュベーカリー「PinPonパン」が人気です。惣菜パンから菓子パンまで60種類前後のラインナップ！目移りしちゃいます。しかもお値段は1個128円（税抜）※とお値打ちです。写真の経塚店のほか、古島店、仲間店、伊佐店でお取扱いしています。

ふんわり調理パンに太めのフランクフルト、からしマヨネーズで仕上げました

生地にマーガリンをたっぷり練り込み、バター香るビスケット生地をのせ焼き上げました

デニッシュ生地にあんを挟み込んで、たい焼きの型で焼き上げました

## オリジナル商品も豊富!

泡盛だけではなくオリジナル商品が豊富です。ジューシーと評判のウインナーとからあげや、沖縄生まれの旨辛調味料、「ハイサイソース」とのコラボ商品もあります。ふわっと軽く、濃厚な味が人気の「ユニポンさんのチーズケーキ」など幅広いジャンルの商品が揃っています。

## バーベキューの強い味方!

職人さんの店内加工により質の高いお肉を提供。そのお肉をバーベキューでも楽しめるように鉄板やビアサーバーの無料レンタルを行っています。仲間でわいわい「ビーチパーティー(ビーチパーリィ)」をするのにおススメです。受け取りの3日前の午前中までに店舗に電話をすると予約できます。

## アプリでお得いっぱい

2022年11月にユニオンアプリが誕生。電子マネー機能つきで貯まったポイントだけではなく、レシートもスマホで見られます(スマートレシートの登録が必要)。アプリ限定のお得なクーポンが人気です。ちらしのチェックはもちろん、来店ポイントの登録もできます。

# Tシャツ、キーホルダーとグッズいっぱい

沖縄を訪れる観光客に人気なのがオリオンビールのTシャツ。一方でおみやげ屋さんでは買えない、人気のご当地アイテムがユニオンのオリジナルTシャツです。ユニオンの店頭だけではなく、2023年10月からはオンラインショップもスタート。おしゃれなデザインを要チェックです（読者プレゼントをP.40に掲載）。

## 愛されています「ユニポン」

公式キャラクターは「ユニポン」。楽しいことが好きで、いつも何か考えている。有名になってオリジナルヒット商品をつくるのが夢です。特技は「眠らないこと」で、好きな数字は「24」。県内のイベントなどにも登場します。口ぐせはもちろん「ですから！」

ユニポンとユニワン

## みんな知ってるテーマソング

ＣＭソングとして店内ＢＧＭとしてお馴染みの「unionですから！」（ミヤギマモル＆津波信一）はカラオケ（JOYSOUND）でも歌えます。「しんちゃん」という愛称で人気のタレント・津波信一さんの声は、店内アナウンスでも聞こえてくることも。

## ヒラヤーチーボールってなんだ？

「沖縄風お好み焼き」とも言われる「ヒラヤーチー」をユニオンでは丸めてボール状にして販売。大人気となりました。たこ焼きのようで中にはこんにゃく入り。沖縄のソウルフードの進化系をお試しください！

44

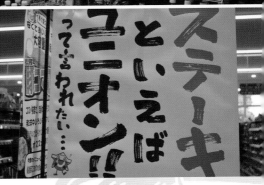

| ユニオン ホームページ | ユニオンアプリ | ユニオン オンラインショップ | ユニオン X (旧Twitter) |
|---|---|---|---|
|  | App Store<br><br>Google play<br> |  |  |

公式YouTubeと TikTokも チェックして ください！

47

48

アプリダウンロード
# 12万人突破!!
絶賛拡大中!

半額クーポン配信中!
夕方4時よりクーポン配信中!

※クーポンにより利用方法が異なります。詳しくは店頭ポスター、アプリ内のクーポンをご確認ください。

ダウンロード無料
ユニオンアプリのダウンロードはこちらから!

AppStoreまたはGoogle Playで検索!
ユニオン 🔍検索

iPhoneの方はこちらから
Androidの方はこちらから

アプリのご利用には、ユニカードへの入会が必要です。

ご予約受付中!
詳しくはこちら
格安生樽サーバー無料貸出中!
BBQ バーベキューセット

折込チラシをやめた分、価格やポイントで **大還元**

| | | |
|---|---|---|
| 月 MON | そうざい全品ポイント5倍 | ペットフード15%割引! |
| 火 TUE | 全品ポイント3倍 | |
| 水 WED | 冷凍食品全品ポイント10倍 | アイスクリーム30%割引! |
| 木 THU | 食パン全品10%割引!! | お米・飲料全品ポイント5倍 |
| 金 FRI | 精肉・鮮魚・青果全品ポイント5倍 | |
| 土 SAT | 全品ポイント3倍 | 第2・第4土曜日は 国産黒毛和牛半額 |
| 日 SUN | お酒全品ポイント5倍 | アイスクリーム30%割引! |

9日・19日 肉の日 超肉の日29日　5日・15日・25日 プレミアムチャージポイント2倍!!

---

# その他お得な情報盛りだくさん!!

UNION-ONLINE OPEN
オンラインショップはじめました。
今人いてます。ユニオン オンラインですから。
https://www.nodake.net/

9のつく日は 肉の日 開催!!
9日・19日・29日 超肉の日

11月11日(土)・11月25日(土)
こだわりの一頭買い
国産黒毛和牛
店頭表示価格より半額セール
※古島店、伊佐店、仲間店は除きます。※写真はイメージです。

毎週月曜日は ペットフード
全品15%割引!
店頭表示価格よりレジにて
※店舗によって取り扱いのない商品もございます。ご了承下さい。

第15回 ちむどんどんフェスタ
何かが起こる 毎月15日!!
CHIMU DONDON FESTA

毎週日曜・水曜日は アイスクリーム
店頭表示価格よりレジにて30%割引!
※一部対象外商品がございます。

毎週木曜日は、食パン全品
店頭表示価格よりレジにて10%割引!!

えっ!? 毎日もらえる来店購入ポイント!
1等 最大10ポイント
2等:5ポイント
3等:1ポイント
※お1人様、1日1回のみとなります。

フレッシュプラザユニオン公式キャラクター「ユニポン」
X(旧Twitter)やってます。
LINEスタンプ発売中!
LINEスタンプショップ
🔍ユニポン で検索
全40種 50コイン/¥120
※デザインはイメージです。実際のスタンプと異なる場合がございます。
ユニオンの特売商品をスマホでチェック!

---

2023年10～11月時点のちらしです。価格などは掲載のものから変わる可能性があります

# 高級感とアットホームの二刀流
# 種類豊富な品揃え

沖縄のスーパーで「高級感がある」といえばこのチェーン。「お客様に喜んでいただける良質店」をコンセプトに「地域一番の品質・品揃え」をモットーにしています。「高そう」というイメージの一方でお値打ち商品も充実しているお店です。

バイヤーがいい物を種類多く集めています

お祝いの日はリウボウストアで買います

左からリウボウストア人事教育課の矢口文香さん、福地健太さん、営業企画課の米蔵真子さん、玉寄秀行さん

# 色鮮やかで新鮮なものいっぱい！

那覇市の首里りうぼうが1号店。現在は沖縄県内の那覇市とその周辺に13店舗を展開しています。栄町りうぼうはゆいレール安里駅の目の前。ホームからお店が見えます（写真左）。営業時間は24時間。近隣には深夜まで営業の飲食店やホテルもあり、地元の人はもちろん、観光客にとっても使い勝手のいい店舗です。

りうぼうマルシェのコーナーではヘルシーでおいしい、こだわりの商品を用意。産地を厳選し、農家さんから直接届く野菜も多く揃えています。生鮮食品以外でも「りうぼうセレクト」のこだわりの商品が並びます。新しい食材も見つけられるワクワクの品揃えです。

糖度が高い赤嶺さんちのミニトマトがおススメです！

# こだわりのお寿司とまぐろ！

鮮度抜群のお寿司は予約、店頭販売どちらも大人気です。那覇市の東南にある南城市の知念漁港で水揚げされたまぐろをはじめ、こだわりのネタが並びます。ご飯の炊き方もひと手間加えています。それでもお値段はちらし（P.56〜59）の通り、お手頃になっています。

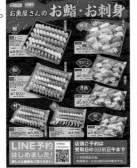

## 自慢の手づくりポテトサラダ

人気の「こだわり手づくりポテトサラダ」はその名の通り、ほとんどが手作業。じゃがいもは皮がついたまま蒸し、蒸し上がると1個1個、人の手で皮をむいていきます。じゃがいももゆで卵も手作業でほぐすのでゴロゴロ感が最高！完成までの様子はインスタグラムのリール動画でご覧になれます。

こだわり手づくりポテトサラダ 429円（税込）※

お店に並ぶポテトサラダマカロニサラダ手作業で作ってるの知ってた？

処々を手でいっちゃうあたりさすが職人！

## 人気のオリジナル商品！

人気のオリジナル商品の一つがじーまーみ豆腐（3個入300円、税込）。「じーまーみ」とは落花生のことで、「もちもちで濃厚なピーナッツ豆腐」です。そして「沖縄そば」（400g 203円、税込）もおいしいと好評。数あるそば麺の中で、自慢のちぢれ麺のもっちりとした食感が支持されています。

※価格は本書編集時点のもので、変動の可能性があります。

## みんなで集まればオードブル

お子さんには
えびフライが
人気です

行事やお祝い事には家族や親類が集まることが多い沖縄。その時のテーブルの主役はオードブルです。予約注文の大きなサイズから惣菜コーナーで買えるミニオードブルまで各種揃います。子供からお年寄りまでみんなが食べたいものが贅沢に詰まっているのが特徴です。そして煮物や天ぷら入りのお供えセットも人気です。

## 便利なアプリ　Tポイントも貯まる

リウボウストアアプリはキャンペーンやちらし、限定クーポンなどお得な情報が盛りだくさん。Tポイントカードを連携すればTポイントが貯まります、使えます。Tカードお買い物履歴確認などのサービスも使えて便利です。

## みんな歌える「ラララ♪りうぼう」

おとなもこどももついロずさんじゃう、リウボウストアのテーマソング「ラララ♪りうぼう」。優しいメロディーが魅力です。作者の紀々さんのホームページでは歌声や歌詞全文が公開されています。

**ラララ♪りうぼう　作詞・作曲 紀々**
ラランララン りうぼうへ行こう
ラランララン りうぼうへ行こう
ラランララン りうぼうへ行こう
ラランララン りうぼうへようこそ
ランランララン みんなにいいことありますように
ランランララン ごゆっくりお過ごし下さい
ラランララン りうぼうへ行こう
ラランララン りうぼうへ行こう
ラランララン りうぼうへ行こう
ラランララン りうぼうへようこそ

## 上質な紀ノ国屋の商品も

おいしさと信頼で選びぬかれた紀ノ国屋のプライベートブランドを、リウボウストアでは取り扱っています。日々の生活に華やかさを加えたい時や、観光の人はホテルの部屋でちょっとしたくつろぎの時を過ごしたい時におススメです。数々のメディアで取り上げられた話題の品など、人気商品200種類以上を揃えています。

## ファミマルも買える！

ファミリーマートのプライベートブランド「ファミマル」の商品も取り揃えています。「ファミマル」がファミマ以外で買えるのはリウボウストアだけです。また「ファミリーマートプラスりうぼう泉崎店」はコンビニとスーパーの一体型店舗。コンビニのサービスに加えて生鮮食品などが充実。通常のコンビニの約3倍の広さがあるお店です。

## 2023年で40周年

1983年に創業のリウボウストアは2023年で40周年。その節目を迎えて各店を中心とした地域清掃活動を行うなど記念事業を行っています。またお客様への奉仕企画も次々と行いました。

| リウボウストア<br>ホームページ | リウボウストア<br>アプリ | リウボウストア<br>インスタグラム | リウボウストア<br>LINEアカウント |
|---|---|---|---|
| | App Store | | |
|  |  |  |  |
| | Google play<br> | | |

インスタに
アットホームさ
があふれて
います！

りうぼうストア RYUBO FOOD MARKET

T-POINT が 貯まる!使える!りうぼうで!

リウボウストアの
お得な情報をお届けします!

10/10(火) ▶12(木)

本チラシの対象期間は明日10/10(火)からと

# りうぼうの生活応援 得の

※三原店・デパートリウボウ地下食品館・豊崎店では対象外となります。

## 火曜日限り 10月10日 朝9時開催

【群馬県産・他】
キャベツ
(1玉)
お一人様1点限り

本体価格 **128**円
(税込138.24円)
売切れご容赦

お一人様2点限り
(1/2切)
本体価格 **68**円
(税込73.44円)

数量限定!
【鹿児島県産】
南国黒牛
切り落とし
100g当たり
本体価格 **458**円
(税込494.64円)
売切れご容赦

お一人様各2点限り
【mizkan】
金のごまだれ
(焙煎荒挽き仕上げ・ディープカロリーハーフ)
(各250ml)
本体価格 各 **298**円
(税込各321.84円)

お一人様3点限り
保存料無添加
【海洋食品】
徳用ちくわ
(4本)
本体価格 **88**円
(税込95.04円)

【沖縄森永乳業】
濃厚ミルク
(946ml)
本体価格 **218**円
(税込235.44円)

### ミネラル豊富な土壌で育った美味しいみかん

【北海道産・他】
・たまねぎ
(L大サイズ (2個入・1袋))
・じゃがいも
(2Lサイズ (2個入・1袋))
【長崎県・鹿児島県産】
・にんじん
(Lサイズ (2本入・1袋))
本体価格 各 **158**円
(税込170.64円)

【熊本県産】
汐みかん
(1袋)
本体価格 **358**円
(税込386.64円)

【キ★ハム】
切り落とし
スモークハム
(210g)
本体価格 **328**円
(税込354.24円)

【チリ産】
定塩銀鮭切身
(養殖・解凍)
100g当たり
本体価格 **178**円
(税込192.24円)

【中村米業】
ナットちゃん
小粒納豆
(40g×4)
本体価格 **108**円
(税込116.64円)

お一人様各1ケース限り
【徳島製粉】
・金ちゃんヌードル
・金ちゃんねぎラーメン
(各1食分)
本体価格 **118**円
(税込127.44円)

お一人様2点限り
【キッコーマン】
濃いだし
本つゆ
(500ml)
本体価格 **188**円
(税込203.04円)

お一人様2点限り
【チューリップ】
ポーク
ランチョン
ミート
(250g)
本体価格 **218**円
(税込235.44円)

お一人様2点限り
CGC
こめ油
(915g)
本体価格 **398**円
(税込429.84円)

【オキコ】
ファミリー
サンド
(5本)
本体価格 **228**円
(税込246.24円)

CGC
おいしい
完熟トマトジュース
食塩無添加
(720ml)
本体価格 **158**円
(税込170.64円)

【KUMEJAPAN】
久米島
ウォーター
(2L)
本体価格 **70**円
(税込75.6円)
(2L×6本)
本体価格 **398**円
(税込429.84円)

お好み焼き
(1パック)
本体価格 **368**円
(税込397.44円)

ohana
ソフトパック
ティッシュ
(150W×5P)
本体価格 **198**円
(税込217.8円)

## 水曜日限り 10月11日 朝9時開催

【長野県産】
レタス
(1玉)
本体価格 **128**円
(税込138.24円)
売切れご容赦

お一人様2点限り 限定200点
【ホーメル】
減塩スパム
(340g)
本体価格 **298**円
(税込321.84円)

北
大
(40

【宮城・沖縄県産】
きゅうり
(2本入・1袋)
本体価格 **128**円
(税込138.24円)

【奈良・和歌山県産】
種無し柿
本体価格 **98**円
(税込105.84円)

お一人様各1ケース限り
【エム・ケイ】
モッツァレラとろける
スライスチーズ
グリルスライスチーズ
各種
本体価格 **208**円
(税込224.64円)

あっさりおいしい
カップヌードル
本体価格 **108**円
(税込116.64円)

B♭
ブレンディスティック
カフェオレ
ブレンディスティック
カフェオレ
Blendy
ブレンディスティック
エスプレッソ・オレ
各種
本体価格 **398**円
(税込429.84円)

CGC
強炭酸水
強炭酸水レモン
(各1L)
本体価格 各 **78**円
(税込84.24円)

## 10月のお買い得!りうぼう曜日市

毎週火曜日開催

【日替わり】
お肉よりどり市(火・水・木)
野菜よりどり又は均一市(火・水・木)

※商品は豊富に取り揃えておりますが、品切れの際はご容赦ください。　※天候不順、災害等により産地の変更、又は入荷のない場合はご了承ください。　※写真はイメージです。実際

24時間営業
栄町店 098-835-5165 / 天久店 098-941-1188
三原店 朝7時から夜12時まで 098-853-4859
豊崎店 朝9時から夜10時まで 098-891-7700
浦西店 朝9時から深夜1時まで 098-871-1811
首里店 098- / 国場店 098-

## 食欲の秋はがっつりお肉!!

※精肉商品はデパートリウボウ地下食品館・豊崎店では対象外となります。

【カナダ産】
**豚肉ロース切り落としジャンボパック**
100g当たり
**138円**
（税込149.04円）

【長野県産】
**シャインマスカット**（1パック）
本体価格 **1,080円**
（税込1,166.4円）

【熊本県産】
**赤梨**（あきづき）（1個）
本体価格 **2**
（税込32

【アメリカ産】
**牛タン焼肉用**（解凍）
100g当たり
本体価格 **698円**
（税込753.84円）

【オーストラリア産】
**牛肉肩ロースうすぎり**
100g当たり
**298円**
（税込321.84円）

## 旬の美味しいお野菜!!

【大分県産】
**徳用生椎茸**（約250g・1袋）
本体価格 **358円**
（税込386.64円）

【福岡県産】
**霜降りひらたけ**（約100g・1パック）
本体価格 **128円**
（税込138.24円）

【福岡県産】
**ぶなしめじ**（約100g・1パック）
本体価格 **108円**
（税込116.64円）

【熊本・福岡県産・他】
**長なす増量**（4本入・1袋）
本体価格 **298円**
（税込321.84円）

## 旬の美味しさを楽しもう

# 秋の味
10/10

りうぼうのお惣

**さんま大葉フライ**（7枚・1パック）
**380円**
（税込410.4円）

国産
大華
（2枚

---

## 生活応援！

10月はCGC商品を数多く取り揃えております

# CGC フェア

10/31火まで
※デパートリウボウ地下食品館での取扱はございません。

### 調味

**おいしいごはん**（180g×3食入）
本体価格 **298円** 0g×3食パック
（税込321.84円）

（180g×5食入）
本体価格 **478円** 180g×5食パック
（税込516.24円）

・和風ドレッシング
・イタリアンドレッシング
・ごまドレッシング
（各380ml）
各 **298円**
（税込321.84円）

アント
デニー
スパゲ
1.7mm

本体価格 **19**
（税込213

### 洋日配

・調製豆乳
・無調整豆乳
・ソイラテ乳
（各1000ml）
各 **188円**
（税込203.04円）

各 1ケース（6点）
本体価格1,128円
（税込1,218.24円）

・スライスチーズ
・とろけるスライスチーズ
（各7枚）
各 **228円**
（税込各246.24円）

ハム

・Vパッ
・Vパッ
しっとり
切り落し

本体価格 各 **2**
（税込2

【エクアドル産】
**ブロッコリー**（200g）
ブロッコリー
**198円**
（税込213.84円）

【エクアドル産】
**ブロッコリー大袋**（500g）
ブロッコリー大袋
**398円**
（税込429.84円）

---

※商品は豊富に取り揃えておりますが、品切れの際はご容赦ください。　※天候不順、災害等により産地の変更、又は入荷のない場合はご了承ください。　※写真はイメージです。実際

# 秋の美味しい味覚

**10/13は さつまいもの日**

【青森県産】ふじりんご（1個）
**80円**
（税込194.4円）

【北海道産】
※三原店・豊崎店では対象外となります。
生秋鮭切身
100g当たり
**298円**
（税込321.84円）

【鹿児島県産】
元祖安納芋
（約500g・1袋）
**458円**
（税込494.64円）

【鹿児島県産・他】
シルクスイート
（約350g・1袋）
本体価格 **380円**
（税込410.4円）

**お芋スイーツ!!**

※豊崎店では対象外となります。
【鹿児島県産】
うなぎ蒲焼
（養殖）（1尾）
本体価格 **1,680円**
（税込1,814.4円）

【丁井】
お百姓さんが作った
スイートポテト
（栗・むらさき芋・紅茶）
（各1個）
各 **148円**
（税込各159.84円）

【丁井】
お百姓さんが作った
スイートポテト
（1個）
**148円**
（税込159.84円）

【トーア乳業】
茨城県産100%
やきいもどら焼き
（1個）
本体価格 **148円**
（税込159.84円）

いもあん どら焼き

【トーア乳業】
いもあん
どら焼き
（1個）
本体価格 **168円**
（税込181.44円）

舞茸入り7品目
豆腐ハンバーグ
（5個・1パック）
本体価格 **380円**
（税込410.4円）

国産きのこ
ご飯弁当
（1パック）
本体価格 **598円**
（税込645.84円）

**98円**
（9.84円）

---

ミートソース / ナポリタン / カルボナーラ / 和風きのこ

・じっくり煮込んだ
味わいのミートソース
・野菜と果実の甘み
ナポリタン
・2種のチーズのコク
カルボナーラ
・3種のだしで仕上げた
和風きのこ（各260g）
本体価格 各 **130円**
（税込140.4円）

**和日配**

おでん2P
（450g×2）
本体価格 **578円**
（税込624.24円）

カニかま
フレーク
（150g）
本体価格 **198円**
（税込213.84円）

サラダチキン
（プレーン・ハーブ・
ブラックペッパー）
（各125g）
各 **238円**
（税込257.04円）

---

**飲料** お一人様1ケース限り　**お酒**　**雑貨**

ももハム

【キリン】
富士の
おいしい水
（530ml）
本体価格 **68円**
（税込73.44円）
1ケース（24本）
本体価格1,632円
（税込1,762.56円）

Picaresca RED WINE / Picaresca WHITE WINE
ピカレスカ
（赤・白）
（各1000ml）
各 **498円**
（税込547.8円）

おしりにやさしい
2倍巻トイレット
ペーパー
（シングル・ダブル）
（各12ロール）
各 **738円**
（税込811.8円）

無添加ラップ
（ミニ）
（22cm×50m）
**138円**
（税込151.8円）

無添加ラップ
（レギュラー）
（30cm×50m）
**148円**
（税込162.8円）

---

※豊崎店では精肉・鮮魚商品は対象外となります。※チラシ掲載商品の販売時間は栄町店・天久店・三原店では朝9時から夜12時、浦西店では朝9時から深夜1時となります。

丸大

# 地域に親しまれて70余年
# 健康への配慮が店内の随所に

1948年創業の老舗スーパー。長きにわたって地域密着型のスーパーとして親しまれています。沖縄県産の商品はもちろん、グルテンフリーやオーガニック商品のコーナーを常設。「お客様の健康をお預かりしている」という誇りがモットーです。

直近の行事、暦がわかるよう工夫しています

かたまり肉の種類が豊富です

丸大南風原店の従業員のみなさん。ハロウィン仕様です

# 日々の生活を健やかに！

本店がある南風原町は高齢者率が県内では低い一方で、平均寿命は市町村別で2位（81.4歳）と長寿の町です。売り場面積約600坪と広い店内には、健康に配慮した数々のポップを見ることができます。普段から慣れ親しんだ商品だけではなく、掲示物を通して様々な品物への気付きも得られるお店です。

沖縄県は弁当購入額が非常に高く、都道府県庁所在地別では那覇市が全国2位（2020〜22年、総務省統計局調べ）。それを背景に丸大は健康意識の高いお弁当を作っています（次頁）。また敬遠しがちな魚の調理もポップを通して紹介し、おいしく元気な食生活が送れるように工夫しています。

沖縄のスーパーではレジ係がコンビニのように「袋詰め」をしてくれるレーンがあります。加えて近年は「セルフレジ」やバーコードスキャンも自分で行う「フルセルフレジ」も登場し多様化しています。丸大南風原店ではお客さんのペースに合わせた「ゆっくりレジ」が。高齢者を中心に好評です。

## 体に良くておいしいお弁当!

丸大

揚げ物に偏りがちなお弁当が多い中、丸大は野菜もたっぷりで健康的なお弁当を製造、販売。県内で初めて「スマートミール認証」(健康な食事・食環境コンソーシアム 認証)を取得しました。主食、主菜、副菜のバランスよく、食塩量を1グラム単位で徹底管理したお弁当はヘルシーなだけではなく、とてもおいしいと大人気です。

味、彩り、バランスの良い沖縄煮つけ弁当は、ほぼワンコインの538円(税込) ※

## お惣菜も充実!

広いスペースの惣菜コーナーに和洋中、沖縄料理と豊富な種類のメニューが並びます。目移りしてしまう充実ぶりです。「国産豚軟骨のやわらか煮つけ」はお弁当・お惣菜大賞2023の惣菜部門優秀賞を受賞。だしと沖縄県産の加工黒糖で豚の軟骨を低温でじっくりと煮込んでいます。

※価格は本書編集時点のもので、変動の可能性があります。

## 地元料理の材料が豊富！

ちゃんぷるーをはじめ沖縄料理には欠かせないくるま麩や、かつお節、削り節の種類がとても豊富です。那覇市のかつお節の購入額は都道府県庁所在地別で全国トップ（2020〜22年、総務省統計局調べ）。家庭によって異なる好みに応えるべく、たくさんの商品が並んでいます。

まとめ買いの
お客様も
多いです

毎月1日の一の市では、翌日から1週間利用できる5%割引クーポンを発行。また毎週水、土、日曜日はポイントカードと電子マネーがひとつになった「CoGCa（コジカ）カード」（後述）のポイント5倍になるなど、曜日、日にちごとの特典が豊富です。

## コジカカードが便利でお得

来店時、専用機器にコジカカードのバーコードをかざせば、当日お買い物をした際に「来店購入ポイント」を付与。そして毎月5のつく日（5、15、25日）はチャージ1万円ごとに100円のコジカボーナスが。またシニア特典（65歳以上）として1度に2万円以上のチャージで400円のポイントが加算されるなど、便利でお得です（偶数月が対象）。

63

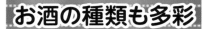

## 丸大といえばステンドグラス！

本店の南風原店をはじめ多くのお店に、ステンドグラスを模したデザインが施されているのが特徴。赤色に白文字で大きく「丸大」と書かれた看板とともに、とても目をひきます。

## お酒の種類も多彩

沖縄の名産品の「泡盛（あわもり）」。原料のお米は主にタイ米を使用し、黒麹菌でつくった米麹だけで仕込んだ沖縄の伝統的な単式蒸留焼酎（焼酎乙類）です。アルコール度数30度前後が中心です。丸大では泡盛をはじめ、お酒全般が充実した品揃えになっています。

## CGCグループに加盟

丸大は全国のスーパーマーケットで構成する日本最大のコーペラティブ・チェーン（小売業者の協業組織）、CGCグループに加盟。全国で慣れ親しまれている同グループの商品も揃います。

## 店内で高校野球中継！？

店内には季節に合わせたアナウンスや、旧盆と年末は沖縄民謡やエイサー（盆踊りにあたる伝統芸能）音楽が流れ、行事の訪れを感じることができます。また沖縄は高校野球熱が高いことから、丸大では甲子園大会で沖縄代表校の試合が行われる際にラジオの実況中継を店内放送で流すこともあります。

64

地域に
とっても
根付いた
スーパーです

健康的な
お弁当は
毎日食べても
飽きません

# 丸大

## 10/7(土) 日替り

土曜日はコジカ払い 現金払い ポイント5倍

あさ9時～よる12時まで

売り切れ御免！

厳選農園バナナ(1袋)
本体価格 198円
税込213.84円

えのき茸(1袋)
本体価格 98円
税込105.84円

ぶなしめじ(1袋)
各 98円
税込105.84円

秋の味覚

大麦牛カルビ焼肉用(100g)
超目玉
本体価格 298円
税込321.84円

豚足テビチ(解凍)(100g)
超目玉
48円
税込51.84円

若鶏手羽元(100g)
超目玉
58円
税込62.64円

骨取り 銀鮭切身(無塩)(養殖)(100g)
特価 258円
税込278.64円

長野県産こしひかり[令和4年産](5kg)
1,880円
税込2,030.40円

グラニュ糖(1kg)
本体価格 198円
税込213.84円

刺身組合せ自由 刺身バイキング
お好みの品を組み合わせて

2パック 700円
税込756.00円

3パック

断然お得 えびピラフピラフ(600g)
298円
税込321.84円

断然お得 たこやき(800g)

NEW!! TULIP
使いやすい250 お求めやすい価格
Luncheon Mポケクランチョンミート(250g)
198円
税込213.84円

お1人様3点限り
ブルガリアヨーグルト アリア LB81(400g) LB81 菌50
158円
税込170.64円

お1人様3点限り
ぽんたし小袋 20枚入袋(K-20)(180g)
358円
税込386.64円

お1人様3点限り
さらさらキャノーラ油(R) 軽やかな仕上げ(900g)
328円
税込354.24円

大阪王将羽根つき餃子(12個)
178円
税込192.24円

焼そば
本体価格 98円
税込105.84円

シーチキンLフレークグリーン(70g)
128円
税込138.24円

ファミリーサンド(5個)
208円
税込224.64円

アップルティー レモンティー ストレートティー(各946ml)
98円
税込105.84円

沖縄そば(2人前)(88g) 緑のたぬき(101g) 赤いきつね(96g)
118円
税込127.44円

チャルメラ しょうゆ みそ(各5食)
358円
税込386.64円

いわし開き(100g)
158円
税込170.64円

トンド(150g)
98円
税込105.84円

白たまごMS(1パック)
198円
税込213.84円

ヨーゴ(946ml)
108円
税込116.64円

さんぴん茶(2L) おいしい 烏龍茶(各2L)
98円
税込105.84円

ポテクア 日本生まれの飲み物
88円
税込95.04円

ジョージア ゴールデンドリップ貴腹 エメラルドマウンテン カフェオレ プラチナブラック オリジナル(各185g)
58円
税込62.64円

シュシュホワイトW(12ロール)
278円
税込305.80円

エリエール超吸収6(キッチンタオル)(50カット×4R)
148円
税込162.00円

## スポーツの日セール 10/7(土)・8(日)・9(月)

大麦牛肩ロース 焼肉用 ガーリックカットステーキ(各100g)
本体価格 各298円
税込321.84円

牛豚鶏焼肉セット(4点盛り)(470g)
本体価格 880円
税込950.40円

豚骨付きスペアリブ味付(彩)(解凍)(100g)
本体価格 128円
税込138.24円

豚小間切れ(100g)
本体価格 158円
税込170.64円

豚肩ロース味付け(トンテキ)(100g)
本体価格 168円
税込181.44円

## 7日(土) 8日(日) 週末特価

調製豆乳 無調整豆乳 ソイラテ(各1000ml)
178円
税込192.24円

新潟新潟製麺うどん(180g×?)
278円
税込300.24円

Mini Bit
ミニビットアソートFS(135g) オリジナルミックスFS(17g) アルフォートFS(178g) ミルキーFS キャラメルミルクココア(16g) エリーゼFS(36本)
各298円
税込321.84円

エリーゼ
298円
税込321.84円

よりどりセール！ 2個買うと 本体価格 500円 お買得！
税込540.00円

カントリーマアム カントリーマアム(バニラ&ココア)(19g) ホームパイ(36枚)
各278円
税込300.24円

ちいさなかすていら
278円
税込300.24円

## 10/7(土)→13(金) 7日間連続 おっ！得市

無洗米テイスティホット 無洗米(国内産)(5kg)
1,3??

コカ・コーラ コカ・コーラゼロ ドクターペッパー(各500ml)

挽きたて香るコーヒー(無糖・低糖)(各900ml)
88円
税込95.04円

**広告商品取扱期間：10月7日(土)▶10月13日**

丸大

**8日 日替り** 日曜日はコジカ払い現金払い ポイント5倍
朝9時〜よる12時まで

秋の味覚 り切れ御免！

山本さんちの 北海黄金 (100g) **20円** 税込21.60円

きゅうり (1きょり2本) **128円** 税込138.24円

**98円** 税込105.84円

刺身3色盛
・マグロ・イカ・タコ
・マグロ・タコ・サーモン
(各1パック)
**各680円** 税込734.40円

うなぎ蒲焼(特大) (解凍) ①1尾 **980円** 税込1,058.40円

皮なし銀鮭切身 (弁当用) (養殖)(100g) **278円** 税込300.24円 骨取り

牛肉切り落とし (100g) **198円** 税込213.84円

豚骨なしテビチ (100g) **98円** 税込105.84円

マテ茶鶏モモ正肉 (解凍)(100g) **78円** 税込84.24円

豚皮付き三枚肉 (解凍)(100g) **108円** 税込116.64円

北海道産 ななつぼし (令和4年産)(5kg) **1,680円** 税込1,814.40円

低温製法米のおいしいごはん (150g×6) **428円** 税込462.24円

北海道産 ななつぼし

大豆の泡 健康プラス (800g) **298円** 税込321.84円

健康プラス 大豆の泡

SPAM スパムポーク (減塩)(340g) **298円** 税込321.84円

ライトツナフレーク(まぐろ) (80g×3) **270円** 税込291.60円

ライトフレーク(かつお) (80g×3) **240円** 税込259.20円

ビピタス **158円** 税込170.64円

シマヤ かつおだし顆粒 (192g) **238円** 税込257.04円

餃子 **178円** 税込192.24円

SP香味野菜香る餃子 (12個)

濃いだし本つゆ (500ml) **198円** 税込213.84円

自慢の干しそうめん (500g) **218円** 税込235.44円

おやつプリン (60g×3) **108円** 税込116.64円

クリームチキン(300g)
マッシュルームペースト(300g)
チキンヌードル(305g)
**138円** 税込149.04円

金ちゃんヌードル (85g) **118円** 税込127.44円

チキンラーメン どんぶり (85g)

小粒納豆 (40g×4) **98円** 税込105.84円

ちくわ(4本) **98円** 税込105.84円

コカ・コーラ(1.5L)
アクエリアス(2L) **168円** 税込181.44円

紅茶花伝ガーデン レモンティー(2L) **158円** 税込170.64円

白たまご超重量 (1パック) **198円** 税込213.84円

まーさんブレッド (6枚・8枚) **118円** 税込127.44円

旺寿ロール **158円** 税込170.64円

玉城牧場牛乳 (5本組) **248円** 税込267.84円

KEYこだわりの牛乳 ・微糖(94g) ・無糖(94g) **168円** 税込181.44円

さんぴん茶 お茶(各340g) **34円** 税込36.72円

おーいお茶
ウィルキンソン
タンサンソーダ
タンサンレモン **128円** 税込138.24円

OHANAソフトティッシュ (150W×5P) **198円** 税込217.80円

たっぷりミートソース(295g)
たっぷりナポリタン(285g)
たっぷりカルボナーラ(285g)
たっぷりガーリックトマト(285g)

100% 美酢

たっぷり カルボナーラ **108円** 税込116.64円

ブロッコリー **198円** 税込213.84円

ブロッコリー(200g)

とうもろこしスープ
たまごスープ
ほうれん草たまごスープ
もずくスープ
シャキシャキ食感国産玉ねぎスープ
めかぶスープ
オニオンスープ
わかめ **288円** 税込311.04円

SPドリップコーヒー (7g×18) **378円** 税込408.24円

SPドリップコーヒー

角ハイボール
角ハイボール濃いめ (各500ml) **238円** 税込261.80円

オリオン ザ・ドラフト(6) (350ml×6缶) **990円** 税込1,069.00円 よりどり2本 **460円** 税込506.00円

**CGC グループ50周年 感謝キャンペーン**

**CGC商品を買って 商品券を当てよう！**

スマレシ応募もできるよ

全国で **50,000名様に 1,000円分** CGCグループ共通商品券

さらに九州・沖縄地区で **1,500名様に 2,000円分**

応募受付期間 2023年 10月1日(日)〜11月5日(日)
(レシート有効期間) 2023年10月1日(日)〜10月31日(火)まで

CGC商品を含む2,000円(税込)以上のお買い上げレシートでご応募ください。※複数枚レシートでも可能です。
WEBまたは店頭でご応募できます。詳細は店頭ポスター、またはWEB応募はhttps://www.ichance.jp/cgc/kyushu/にてご応募ください。

ご応募はこちらから▶

広告商品はAM9:00からの取扱になります。(一部商品を除きます)※魚介類・青果物は、天候等により予定している産地より入荷できない場合があります。ご了承下さい。

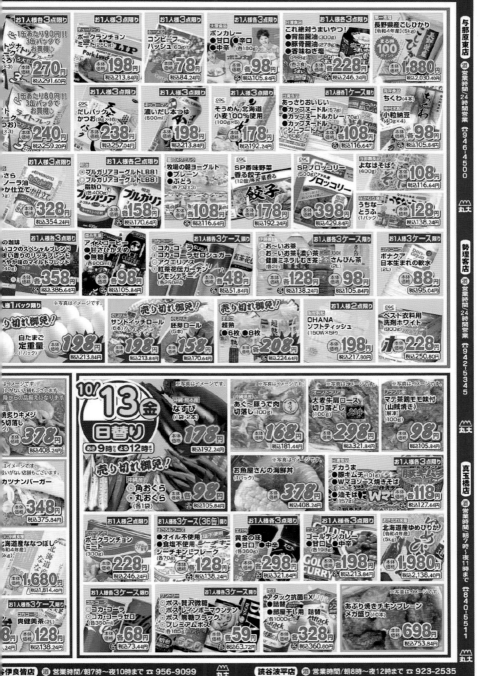

# ゆいレール（モノレール）で スーパーに行こう！

那覇空港駅と浦添市のてだこ浦西駅までの19駅を37分で結ぶ、沖縄県唯一の鉄道、沖縄都市モノレール・ゆいレール。2003年8月に首里駅までが開通し、19年10月てだこ浦西駅まで延伸されました。街中を縫うように走り、高いところからの眺めはまるで「空中散歩」です。

各駅にエスカレーター、エレベーターがあるので荷物が多くても安心。交通渋滞の影響を受けず、時間に正確なので、観光客は飛行機の時間に合わせてスケジュールを立てることが出来ます。混雑緩和を目的に2023年8月から3両編成の車両も運行しています。P.72ではゆいレールの路線図に沿線にあるスーパーの場所を掲載しています。

## ゆいレール 所要時間と運賃表

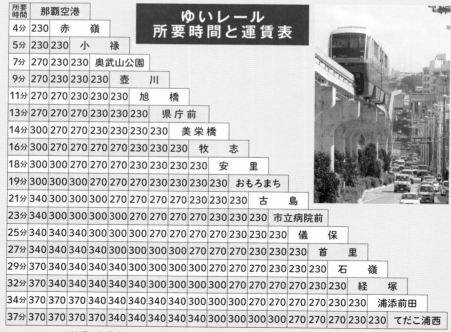

| 所要時間 | 那覇空港 | | | | | | | | | | | | | | | | | | |
|---|---|---|---|---|---|---|---|---|---|---|---|---|---|---|---|---|---|---|---|
| 4分 | 230 | 赤嶺 | | | | | | | | | | | | | | | | | |
| 5分 | 230 | 230 | 小禄 | | | | | | | | | | | | | | | | |
| 7分 | 270 | 230 | 230 | 奥武山公園 | | | | | | | | | | | | | | | |
| 9分 | 270 | 230 | 230 | 230 | 壺川 | | | | | | | | | | | | | | |
| 11分 | 270 | 270 | 230 | 230 | 230 | 旭橋 | | | | | | | | | | | | | |
| 13分 | 270 | 270 | 270 | 230 | 230 | 230 | 県庁前 | | | | | | | | | | | | |
| 14分 | 300 | 270 | 270 | 230 | 230 | 230 | 230 | 美栄橋 | | | | | | | | | | | |
| 16分 | 300 | 270 | 270 | 270 | 270 | 230 | 230 | 230 | 牧志 | | | | | | | | | | |
| 18分 | 300 | 300 | 270 | 270 | 270 | 230 | 230 | 230 | 230 | 安里 | | | | | | | | | |
| 19分 | 300 | 300 | 300 | 270 | 270 | 270 | 230 | 230 | 230 | 230 | おもろまち | | | | | | | | |
| 21分 | 340 | 300 | 300 | 300 | 270 | 270 | 270 | 230 | 230 | 230 | 230 | 古島 | | | | | | | |
| 23分 | 340 | 300 | 300 | 300 | 300 | 270 | 270 | 270 | 230 | 230 | 230 | 230 | 市立病院前 | | | | | | |
| 25分 | 340 | 340 | 340 | 300 | 300 | 300 | 270 | 270 | 270 | 270 | 230 | 230 | 230 | 儀保 | | | | | |
| 27分 | 340 | 340 | 340 | 340 | 300 | 300 | 300 | 300 | 270 | 270 | 230 | 230 | 230 | 230 | 首里 | | | | |
| 29分 | 370 | 340 | 340 | 340 | 340 | 300 | 300 | 300 | 270 | 270 | 270 | 230 | 230 | 230 | 230 | 石嶺 | | | |
| 32分 | 370 | 340 | 340 | 340 | 340 | 340 | 300 | 300 | 300 | 300 | 270 | 270 | 270 | 270 | 230 | 230 | 経塚 | | |
| 34分 | 370 | 370 | 370 | 340 | 340 | 340 | 340 | 340 | 300 | 300 | 300 | 270 | 270 | 270 | 270 | 230 | 230 | 浦添前田 | |
| 37分 | 370 | 370 | 370 | 370 | 340 | 340 | 340 | 340 | 340 | 300 | 300 | 300 | 300 | 270 | 270 | 270 | 230 | 230 | てだこ浦西 |

※沖縄の交通系ICカード・OKICAで乗車すると、隣の駅まで1駅利用する場合の運賃が150円に割引されます

## 全駅紹介と駅から近いスーパー

**❶ 那覇空港**

**❷ 赤嶺** (あかみね)・・・・・・・・・ ●ユニオン 赤嶺店

**❸ 小禄** (おろく)

**❹ 奥武山公園** (おうのやま)

**❺ 壺川** (つぼがわ)・・・・・・ ●かねひで 壺川店

**❻ 旭橋** (あさひばし)

**❼ 県庁前**

**❽ 美栄橋** (みえばし)・・・・・・ ●ユニオン 前島店 ※2024年1月31日に 一時閉店

**❾ 牧志** (まきし)

**❿ 安里** (あさと)・・・・・・・・・ ●栄町りうぼう

**⓫ おもろまち**・・・・ ●サンエー 那覇 メインプレイス

**⓬ 古島** (ふるじま)・・・・・・ ●かねひで 古島店

**⓭ 市立病院前**

**⓮ 儀保** (ぎぼ)

**⓯ 首里** (しゅり)・・・・・・ ●かねひで 首里久場川市場

**⓰ 石嶺** (いしみね)・・・・・・ ●首里りうぼう

**⓱ 経塚** (きょうづか)

**⓲ 浦添前田** (うらそえまえだ)

**⓳ てだこ浦西** (うらにし)

**01 那覇空港**
空港ターミナルビルの2階から直結。駅を出発後、右側に青い海が見えるので「沖縄にいる!」と実感出来ます。

**03 小禄**
駅とイオン那覇店の2階が通路で結ばれています。「急いで買い物したい!」という時に便利です。

**04 奥武山公園**
沖縄セルラースタジアム那覇の最寄り駅。球場の外野後方に駅があり、ホームからグラウンドが見えます。

**06 旭橋**
那覇バスターミナルのビル2階とつながっていて、路線バスへの乗り換えに便利です。ホテルが多いエリア。

**07 県庁前**
国際通りの入口「県庁北口」交差点の近くです。高いビルが立ち並び「那覇って都会!」と驚くかもしれません。

**11 おもろまち**
「那覇新都心」と呼ばれるショッピングセンターやオフィス、マンションなどが集まるエリアです。県立博物館・美術館もあります。

**12 古島**
那覇中心部の渋滞を避けて路線バスで北上したい時には、駅から通路直結の「古島駅前」のバス停を利用する方法もあります。

**15 首里**
古さと新しさが同居した風情ある町並みが魅力です。坂道が多いですが、お散歩したくなる場所がいっぱい。

**19 てだこ浦西**
沖縄自動車道(高速道路)上にある幸地(こうち)バス停まで徒歩6分。ここから高速バスに乗れます。

# 沖縄都市モノレール・ゆいレール 路線図と沿線のスーパー

旭橋・那覇バスターミナル
P.134

③

58

⑨

沖縄県立博物館・美術館 ●
サンエー那覇メインプレイス
①

波の上ビーチ ●

泊港
（とまりん）

①

8 美栄橋
みえばし

9 牧志
まきし

7 県庁前

国際通り ● てんぶす那覇
牧志公設市場

④
⑩

6 旭橋
あさひばし

那覇空港
那覇港

● 沖縄県庁
● パレットくもじ

● のうれんプラザ
⑦

壺屋焼物
博物館 ●
④

1 那覇空港
P.132

5 壺川
つぼがわ

⑤

県庁北口
P.136

やちむん通り

⑩

奥武山公園

330 ⑦

331

4 奥武山公園
おうのやま

⑫

イオン那覇店

③

8

3 小禄
おろく

⑨

③

9

2 赤嶺
あかみね

④

④

8

豊見

72

浦添市美術館　浦添大公園
　　　　　　　　　　浦添ようどれ
　　　　　　　　　　浦添城跡
⑱28

⑩

㉗　㉔

②

浦添市

⑧
19 てだこ浦西

18 浦添前田

P.138

おもろまち駅前

⑦

㉓

幸地（高速バス停）

⑳

12 古島

②
13 市立病院前

17 経塚

⑥

⑧　⑦

16 石嶺

①

⑥

14 儀保

DFS

④

11 おもろまち

⑥

西原町

西原JCT

⑥
①

15 首里

栄町市場

①

首里城

10 安里

金城町石畳道

那覇IC

②

②　⑪

那覇市

①
③

⑤

那覇空港自動車道

⑥

③

329

22

南風原北IC

南風原町

⑥

城市

㉑

●サンエー　●かねひで　●ユニオン　●リウボウストア　●丸大

# 路線バスでスーパーに行こう！
# サンエー全店舗紹介

バス停名の下の数字はバス番号。一部路線の番号別路線図はP.140以降に掲載しています。

---

**❶**

〒900-0006 那覇市おもろまち4-4-9

### 那覇メインプレイス
MAP P.154 C-1 ❶  行ったらチェック！

📞 098-951-3300　🕐 9時〜23時

🚏 那覇メインプレイス東口　🚶 1分
`4` `6` `7` `10` `200` `223` `227` `228` `235` `263`

🚏 おもろまち一丁目　🚶 1分
`3` `4` `6` `7` `10` `11` `21` `200` `223` `227` `228` `235` `263` `YKB`

🚝 ゆいレールおもろまち駅　🚶 8分

---

**❷**

〒901-0153 那覇市宇栄原4丁目15番1号

### V21食品館 うえばる団地店
MAP P.154 B-3 ❷  行ったらチェック！

📞 098-858-2233　🕐 9時〜23時

🚏 宇栄原団地前　🚶 1分
`55` `88` `98`

---

**❸**

〒901-0151 那覇市鏡原町35-24

### V21食品館 きょうはら店
MAP P.154 B-2 ❸  行ったらチェック！

📞 098-857-3755　🕐 9時〜23時

🚏 小禄（おろく）　🚶 4分
`9` `11` `55` `88` `98` `101` `105` `446`

🚝 ゆいレール奥武山公園（おうのやま）駅　🚶 8分

---

**❹**

〒901-0145 那覇市高良3-2-23

### V21食品館 高良（たから）店
MAP P.154 B-3 ❹  行ったらチェック！

📞 098-858-3111　🕐 9時〜23時

🚏 第二ゲート　🚶 1分
`17` `27` `32` `39` `43` `56` `87` `89` `256`

---

**❺**

〒902-0075 那覇市国場1162-2

### V21よぎ食品館
MAP P.154 C-2 ❺  行ったらチェック！

📞 098-833-5000　🕐 9時〜23時

🚏 寄宮中学校前　🚶 6分
`6` `35` `40` `235` `309`

---

### V21食品館 真嘉比店

 MAP P.154 C-1 ⑥

📞 098-885-3310　🕐 9時〜23時

🚏 松川西　🚶 4分

`7` `8` `13`

🚃 ゆいレールおもろまち駅　🚶 7分

〒902-0068 那覇市字真嘉比1丁目22番14号

### V21食品館 石嶺店

 MAP P.154 D-1 ⑦

📞 098-885-0192　🕐 9時〜23時

🚏 石嶺入口 市内線　🚶 1分

`9` `11` `13` `17`

🚏 石嶺入口 市外線　🚶 2分

`13` `25` `97` `125` `333`

〒903-0804 那覇市首里石嶺町3-4-1

### V21おおな食品館

 MAP P.154 D-1 ⑧

📞 098-885-2001　🕐 9時〜23時

🚏 第一経塚　🚶 2分

`47` `87` `191` `391`

〒901-2111 浦添市字経塚581番2

### V21食品館 小禄店

 MAP P.154 B-2 ⑨

📞 098-858-5000　🕐 9時〜23時

🚏 小禄　🚶 4分

`9` `11` `55` `88` `98` `101` `105` `446`

〒901-0152 那覇市小禄646

### V21じょうがく食品館

 MAP P.154 C-2 ⑩

📞 098-891-3031　🕐 9時〜23時

🚏 西壷川　🚶 9分

`6` `11` `12` `17` `18` `37` `89` `101` `113` `123` `127` `200` `339` `446`

🚃 ゆいレール壺川駅　🚶 13分

〒900-0023 那覇市楚辺1-14-10

### V21食品館 繁多川店

 MAP P.154 D-2 ⑪

📞 098-833-9000　🕐 9時〜23時

🚏 繁多川　🚶 2分

`5` `14`

〒902-0071 那覇市繁多川2-17-15

### V21つぼがわ食品館

📞 098-853-5555　🕐 9時〜23時

🚏 壺川　🚶 4分

`6` `11` `12` `17` `18` `37` `50` `89` `101` `113` `123` `127` `200` `339` `446`

🚃 ゆいレール壺川駅　🚶 11分

MAP P.154 B-2

〒900-0025 那覇市壺川2-13-14

### しおざきシティ

📞 098-840-3333　🕐 9時〜23時

🚏 潮崎入口　🚶 1分

`82` `107` `108`

MAP P.152 B-2

〒901-0364 糸満市潮崎町2丁目2番地

### V21食品館 糸満店

📞 098-995-1180　🕐 9時〜23時

🚏 稲嶺原入口　🚶 1分

`107` `108`

MAP P.152 B-2

〒901-0361 糸満市字糸満1636-6

### V21食品館 西崎店

📞 098-992-2110　🕐 9時〜23時

🚏 道の駅いとまん前　🚶 4分

`TK01` `TK02` `107` `108` `189`

MAP P.152 B-2

〒901-0305 糸満市西崎1-12-5

### 糸満ロードショッピングセンター

📞 098-850-9343　🕐 9時〜23時

🚏 翁長　🚶 1分

`89`

MAP P.152 B-1

〒901-0223 豊見城市字翁長744-1

### 豊見城ウイングシティ

📞 098-850-5100　🕐 9時〜23時

🚏 豊見城郵便局前　🚶 6分

`105` `446`

MAP P.154 C-3

〒901-0242 豊見城市字高安261-2

⑱ **V21ぎぼ食品館**　MAP P.154 B-3 ⑱
📞 098-851-2234　🕐 9時〜23時
🚏 豊見城中央病院前　🚶 1分
55 88 98 101 105

〒901-0244 豊見城市宜保2-6-10

⑲ **V21食品館 嶺井店**　MAP P.155 E-2 ⑲
📞 098-945-3343　🕐 9時〜23時
🚏 嶺井入口　🚶 1分
36

〒901-1201 南城市大里字嶺井520-1

⑳ **八重瀬シティ**　MAP P.152 D-1 ⑳
📞 098-998-3111　🕐 9時〜23時
🚏 屋宜原　🚶 2分
36
🚏 県営屋宜原団地入口　11分　🚶 0分
34 35 200 235 334

〒901-0406 島尻郡八重瀬町字屋宜原99番1

㉑ **つかざんシティ**　MAP P.154 C-2 ㉑
📞 098-882-7755　🕐 9時〜23時
🚏 翔南製糖前　🚶 4分
34 35 50 51 54 83 200 235 334

〒901-1117 島尻郡南風原町津嘉山1471-2

㉒ **板良敷店**　MAP P.155 F-2 ㉒
📞 098-945-3333　🕐 9時〜23時
🚏 南板良敷　🚶 3分
36 37 38 39 191 338 339 391

〒901-1301 島尻郡与那原町字板良敷621番地

㉓ **V21よなばる食品館**　MAP P.155 E-2 ㉓
📞 098-944-1233　🕐 9時〜23時
🚏 第二与原　🚶 3分
30

〒901-1303 島尻郡与那原町字与那原1175-1

### 24 浦添西海岸パルコシティ

MAP P.156 B-2

📞 098-871-1120　🕘 9時〜23時

🚏 サンエーパルコシティ　🚶 1分
`309` `391`

🚏 サンエーパルコシティ前　🚶 1分
`26` `32` `43` `61` `309` `334` `385`

〒901-2507 浦添市西洲3-1-1

---

### 25 経塚シティ

MAP P.154 D-1

📞 098-871-3333　🕘 9時〜23時

🚏 経塚シティー入口　🚶 6分
`47` `87`

🚏 経塚　🚶 5分
`191` `391`

〒901-2111 浦添市字経塚652番地1

---

### 26 マチナトシティ

MAP P.156 C-3

📞 098-879-4111　🕘 9時〜22時

🚏 SCSK沖縄センター前　🚶 1分
`20` `23` `24` `26` `27` `28` `29` `31` `32` `43` `52` `63` `77` `80` `92` `110` `120`
`223` `227` `228` `263` `331` `391` `777`

〒901-2133 浦添市城間2008-1

---

### 27 V21みやぎ食品館

MAP P.156 B-3

📞 098-871-1881　🕘 9時〜23時

🚏 小湾　🚶 8分
`55` `56` `99` `256`

〒901-2126 浦添市宮城4-18-10

---

### 28 V21食品館　浦西店

MAP P.156 D-3

📞 098-879-2900　🕘 9時〜23時

🚏 浦西団地入口　🚶 3分
`25` `56` `125` `297`

〒901-2101 浦添市西原5-11-1

---

### 29 V21食品館　牧港店

MAP P.156 C-2

📞 098-871-3000　🕘 9時〜23時

🚏 宇地泊　🚶 6分
`20` `23` `24` `26` `27` `28` `29` `31` `32` `43` `52` `55` `63` `77` `80` `92` `99`
`110` `112` `120` `223` `227` `228` `263` `331` `777`

〒901-2131 浦添市牧港4-12-1

〒901-2227 宜野湾市字宇地泊558番地10

## 30 宜野湾コンベンションシティ

MAP P.156 C-2 30

行ったらチェック！

098-897-3330 9時〜23時

兼久原 5分

26 32 55

〒901-2223 宜野湾市大山7-1-2

## 31 大山シティ

MAP P.156 D-1 31

行ったらチェック！

098-898-3300 9時〜23時

老人ホーム愛誠園前 8分

43 88 112

※2024年夏に閉店予定
（現店舗敷地内に本社・食品加工センターを新築移転するため）

〒901-2222 宜野湾市喜友名1-2-20

## 32 喜友名店

MAP P.157 E-2 32

行ったらチェック！

098-893-3320 9時〜23時

喜友名 8分

23 31 77 88 223

〒901-2214 宜野湾市我如古1丁目43番3号

## 33 V21食品館 佐真下店

MAP P.156 D-3 33

行ったらチェック！

098-890-3330 9時〜23時

第一佐真下 6分

98 110

〒901-2214 宜野湾市我如古2-4-6

## 34 V21がねこ食品館

MAP P.156 D-3 34

行ったらチェック！

098-890-0300 9時〜23時

志真志団地前 1分

97

中部商業高校前 6分

21 24 25 27 52 61 80 88 90 92 97 125 190 227

〒901-2215 宜野湾市真栄原3-7-6

## 35 V21まえはら食品館

MAP P.156 D-3 35

行ったらチェック！

098-942-2727 9時〜23時

第二真栄原 3分

24 27 52 61 80 92 110 227

### V21食品館 長田店
MAP P.157 E-3

📞 098-893-2800　🕐 9時〜23時

🚏 長田　🚶 3分

21 24 25 27 52 61 80 88 90 92 98 110 125 190 227 297

〒901-2212 宜野湾市長田1-27-7

---

### V21食品館 普天間店
MAP P.157 E-1

📞 098-892-1955　🕐 9時〜23時

🚏 普天間入口　🚶 2分

23 31 77 88

〒901-2202 宜野湾市普天間2-33-17

---

### 西原シティ
MAP P.155 F-1

📞 098-882-9100　🕐 9時〜23時

🚏 小那覇　🚶 2分

30 233 333 346

〒903-0102 中頭郡西原町字嘉手苅130

---

### なかぐすく店
MAP P.157 E-3

📞 098-942-3333　🕐 9時〜23時

🚏 中城南小学校前　🚶 7分

97 125

〒901-2424 中頭郡中城村字南上原795番地

---

### ハンビータウン
MAP P.156 E-1

📞 098-936-9100　🕐 9時〜22時

🚏 ハンビータウン前　🚶 3分

263

🚏 北前　🚶 9分

20 28 29 43 63 112 120 228 263

〒904-0117 中頭郡北谷町北前1-2-3

---

### 北谷はまがわ店
MAP P.158 A-3

📞 098-926-0370　🕐 9時〜23時

🚏 浜川漁港前　🚶 2分

62

🚏 伊平　🚶 8分

20 28 29 112 120 228

〒904-0113 中頭郡北谷町字宮城1番37

〒901-2301 中頭郡北中城村字島袋690-1

### V21食品館 島袋店

📞 098-930-0100　🕐 9時〜23時

🚏 比嘉　🚶 12分

MAP P.158 C-3

21 23 24 27 31 60 77 88 90 93 110 190 227

〒904-0203 中頭郡嘉手納町字嘉手納463番14

### V21かでな食品館

📞 098-921-5700　🕐 9時〜23時

🚏 嘉手納　🚶 7分

MAP P.158 A-1

20 28 29 62 120 228

〒904-0204 中頭郡嘉手納町水釜6-18-1

### V21食品館 水釜店

📞 098-957-2121　🕐 9時〜23時

🚏 水釜　🚶 11分

MAP P.158 A-2

20 28 29 120 228

〒904-0313 中頭郡読谷村字大湾343番地

### 大湾シティ

📞 098-956-3399　🕐 9時〜23時

🚏 比謝　🚶 7分

MAP P.158 A-1

20 28 29 62 120 228

〒904-0304 中頭郡読谷村字楚辺1279-13

### V21食品館 楚辺店

📞 098-956-3000　🕐 9時〜23時

🚏 大添　🚶 3分

MAP P.160 B-3

28 62 228

〒904-0021 沖縄市胡屋2-1-56

### 中の町タウン

📞 098-932-2322　🕐 9時〜23時

🚏 中の町　🚶 1分

MAP P.158 C-3

21 23 24 27 31 60 62 63 75 77 88 90 93 110 112 113 123 127
190 223 227 263 331 777

### V21食品館 宮里店

MAP P.158 D-2

📞 098-934-3000 🕒 9時〜23時

🚏 宮里小学校前 🚶 1分

`27` `110`

〒904-2165 沖縄市宮里2-17-27

---

### V21食品館 照屋店

MAP P.158 D-3

📞 098-930-1100 🕒 9時〜23時

🚏 高原 🚶 16分

`30` `31` `52` `60` `61` `331`

〒904-2171 沖縄市高原2-4-14

---

### V21食品館 高原店

MAP P.158 D-3

📞 098-932-0003 🕒 9時〜23時

🚏 高原南 🚶 2分

`30` `52` `61`

〒904-2171 沖縄市高原7-20-3

---

### V21食品館 古謝店

MAP P.159 D-3

📞 098-929-3332 🕒 9時〜23時

🚏 安原入口 🚶 1分

`31` `60` `331`

〒904-2161 沖縄市字古謝2-16-23

---

### V21食品館 知花店

MAP P.158 D-1

📞 098-939-5000 🕒 9時〜23時

🚏 沖縄市農民研修センター前 🚶 4分

`75` `90` `123` `190`

〒904-2143 沖縄市知花6-40-12

---

### V21あわせ食品館

MAP P.158 D-3

📞 098-939-7700 🕒 9時〜23時

🚏 比屋根 🚶 18分

`30` `52` `61`

〒904-2172 沖縄市泡瀬4-39-20

### 具志川メインシティ

MAP P.158 D-2
- 📞 098-974-1300  🕐 9時〜23時
- 🚏 第一江洲 🚶 3分
- **30**
- 🚏 江洲 🚶 7分
- 21 23 24 27 52 61 77 80 93 112 113 127 223 227 777

〒904-2244 うるま市字江洲450-1

### 赤道ショッピングタウン

MAP P.159 E-1
- 📞 098-973-4131  🕐 9時〜23時
- 🚏 志林川 🚶 2分
- 21 22 23 24 27 63 77 80 93 112 113 127 223 227 263 777

〒904-2242 うるま市字高江洲1031-1

### 与勝シティ

MAP P.159 F-2
- 📞 098-978-8888  🕐 9時〜23時
- 🚏 水井原 🚶 1分
- 27 80 93 127 227 777

〒904-2311 うるま市勝連南風原5111

### 石川シティ

MAP P.161 E-2
- 📞 098-965-3300  🕐 9時〜23時
- 🚏 石川公民館前 🚶 3分
- 22 48 75 77 123

〒904-1106 うるま市石川2521番地1

### 赤崎店

MAP P.161 E-1
- 📞 098-964-5000  🕐 9時〜23時
- 🚏 赤崎 🚶 2分
- 22 48 75 77 123

〒904-1103 うるま市石川赤崎2-1-1

### V21食品館 田場店

MAP P.159 F-1
- 📞 098-974-3000  🕐 9時〜23時
- 🚏 金武湾 🚶 3分
- 27 80 93 127 227 777

〒904-2213 うるま市字田場339-3

## ⑥ V21食品館 東恩納店

MAP P.161 E-2 ⑥ 行ったらチェック！

📞 098-964-3000　🕘 9時～23時

🚏 東恩納　4分　🚶 4分

22 48 75 77 123

〒904-1111 うるま市石川東恩納726-2

---

## ⑥ 為又シティ

MAP P.162 D-0 ⑥ 行ったらチェック！

📞 0980-54-0222　🕘 9時～23時

🚏 大西五丁目　🚶 10分

20 22 65 66 67 72 76 78 120

〒905-0005 名護市字為又904-5

---

## ⑥ V21いさがわ食品館

MAP P.163 D-1 ⑥ 行ったらチェック！

📞 0980-54-4040　🕘 9時～23時

🚏 大北二区　🚶 3分

66 67 72

〒905-1152 名護市伊差川190番地

---

## ⑥ 東江ショッピングタウン

MAP P.162 D-1 ⑥ 行ったらチェック！

📞 0980-53-3000　🕘 9時～23時

🚏 名護城入口　🚶 3分

20 22 65 66 70 76 77 78 120

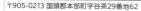
〒905-0021 名護市東江1-2-13

---

## ⑥ V21もとぶ食品館

MAP P.164 A-2 ⑥ 行ったらチェック！

📞 0980-47-7600　🕘 9時～23時

🚏 谷茶（本部町）　🚶 5分

65 66 70 76 117

〒905-0213 国頭郡本部町字谷茶29番地62

---

## ⑥ 宮古島シティ

MAP P.167 ⑥ 行ったらチェック！

📞 0980-73-8800　🕘 9時～22時

🚏 サンエー宮古島シティ　🚶 1分

4

〒906-0013 宮古島市平良字下里2511番地43

### 宮古オリタ食品館

📞 0980-73-8600　🕐 9時～23時

🚏 沖銀前　🚶 1分

1 2 3 4 5 7

〒906-0013 宮古島市平良字下里623

### ショッピングタウン宮古食品館

MAP P.167

📞 0980-72-2001　🕐 9時～23時

🚏 サンエー前　🚶 1分

1 2 3 4 5 6 9

〒906-0007 宮古島市平良字東仲宗根844-1

### 石垣シティ

MAP P.167

📞 0980-83-2111　🕐 9時～22時

🚏 サンエー前　🚶 1分

1 2 3 5 6 11

〒907-0002 石垣市真栄里301-1

営業時間などは変更になる場合があります。最新情報は各スーパーのホームページなどでご確認ください

# 路線バスでスーパーに行こう！
# かねひで
# 全店舗紹介

バス停名の下の数字はバス番号。一部路線の番号別路線図はP.140以降に掲載しています。

---

**❶**

〒903-0807 那覇市首里久場川町2-96-18

### タウンプラザかねひで 首里久場川市場　MAP P.154 D-1 ❶

📞 098-884-2630　🕐 9時〜23時
🚏 久場川団地入口　🚶 2分
`7` `8` `16`
🚃 ゆいレール首里駅　🚶 5分

---

**❷**

〒902-0071 那覇市繁多川1丁目5番34号

### タウンプラザかねひで 繁多川市場　MAP P.154 C-2 ❷

📞 098-996-5030　🕐 9時〜23時
🚏 石田　🚶 3分
`5` `14`

---

**❸**

〒900-0002 那覇市曙3丁目19番地7号

### タウンプラザかねひで あけぼの店　MAP P.156 A-3 ❸

📞 098-861-7014　🕐 9時〜23時
🚏 倉庫前　🚶 1分
`26` `101`

---

**❹**

〒902-0064 那覇市寄宮1-8-45

### タウンプラザかねひで 与儀公園市場　MAP P.154 C-2 ❹

📞 098-832-3939　🕐 9時〜23時
🚏 与儀十字路　🚶 6分
`5` `9` `15` `17` `30` `31` `34` `37` `38` `39` `45` `50` `51` `54` `55` `56` `83` `89` `90` `97` `98` `112` `125` `190` `256` `334` `338` `339` `446`

---

**❺**

〒900-0025 那覇市壺川3丁目1番地5

### タウンプラザかねひで 壺川店　MAP P.154 B-2 ❺
📞 098-836-5050　🕐 9時〜23時
🚏 旭町　🚶 2分
`6` `11` `12` `17` `18` `37` `50` `89` `101` `113` `123` `127` `200` `339` `446`
🚃 ゆいレール壺川駅　🚶 5分

### タウンプラザかねひで 古島店 MAP P.154 C-1 ⑥
📞 098-885-7563 　🕐 9時〜23時
🚈 ゆいレール古島駅 　🚶 3分

〒902-0061 那覇市古島1丁目13番地-1

### タウンプラザかねひで 与儀店 MAP P.154 C-2 ⑦
📞 098-853-7774 　🕐 9時〜23時
🚏 与儀小学校前 　🚶 4分
30 34 37 38 39 45 50 51 54 83 89 334 338 339 446

〒902-0076 那覇市与儀2丁目7番地15号

### タウンプラザかねひで こくら中前市場 MAP P.154 C-2 ⑧
📞 098-894-6633 　🕐 9時〜23時
🚏 古波蔵 　🚶 4分
6 12 18 30 34 37 38 39 45 50 51 54 83 113 123 127 200 334 338 339

〒900-0024 那覇市古波蔵2丁目25番28号

### タウンプラザかねひで うるく市場 MAP P.154 B-3 ⑨
📞 098-995-9710 　🕐 9時〜23時
🚏 住宅前 　🚶 1分
101 105 446

〒901-0152 那覇市字小禄1281

### タウンプラザかねひで にしのまち市場 MAP P.154 B-2 ⑩
📞 098-863-4500 　🕐 9時〜23時
🚏 三重城 　🚶 1分
1 2 3 5 15 45
🚈 ゆいレール旭橋駅 　🚶 16分

〒900-0036 那覇市西3丁目3番4地号

### タウンプラザかねひで 西崎店 MAP P.152 B-1 ⑪
📞 098-994-6933 　🕐 9時〜23時
🚏 西崎近隣公園前 　🚶 2分
107 108
🚏 西崎入口 　🚶 10分
81 89 107 108

〒901-0305 糸満市西崎6丁目10番1号

**⑫** タウンプラザかねひで 真栄里市場　MAP P.152 B-3 **⑫**　行ったらチェック!
📞 098-995-4044　🕐 9時〜23時
🚏 糸満営業所　🚶2分
446
🚏 真栄里入口　🚶3分
82 107 108

〒901-0362 糸満市真栄里1851番地

**⑬** タウンプラザかねひで いちゅまん市場　MAP P.152 B-2 **⑬**　
📞 098-992-3994　🕐 9時〜23時
🚏 西崎入口　🚶6分
81 89 107 108

〒901-0303 糸満市兼城400番地

**⑭** タウンプラザかねひで 豊見城団地前店　MAP P.154 C-3 **⑭**　
📞 098-850-4934　🕐 9時〜23時
🚏 豊見城平良　🚶1分
105 446

〒901-0212 豊見城市平良103番地1号

**⑮** タウンプラザかねひで 佐敷店　MAP P.155 F-3 **⑮**　
📞 098-947-4141　🕐 9時〜23時
🚏 馬天　🚶2分
36 37 38 39 191 338 339 391

〒901-1414 南城市佐敷津波古1006番地

**⑯** タウンプラザかねひで 東風平市場　MAP P.152 D-1 **⑯**　
📞 098-835-7400　🕐 9時〜23時
🚏 伊覇　🚶3分
34 35 50 54 83 200 235 334

〒901-0401 島尻郡八重瀬町伊覇246番地2

**⑰** タウンプラザかねひで 南風原市場　MAP P.154 D-2 **⑰**　行ったらチェック!
📞 098-888-4727　🕐 9時〜23時
🚏 印刷団地前　🚶2分
30 37 38 39 40 191 309 338 339 391

〒901-1111 島尻郡南風原町兼城571番地

**⑱ タウンプラザかねひで 津嘉山店** MAP P.154 D-3 ⑱
📞 098-889-2201　🕐 9時～23時
🚏 徳洲会病院入口　🚶 2分
34 35 50 51 54 83 200 235 334

〒901-1117 島尻郡南風原町津嘉山1720番地4号

**⑲ タウンプラザかねひで よなばる市場** MAP P.155 F-2 ⑲
📞 098-988-1216　🕐 9時～23時
🚏 第二与原　🚶 7分
30

〒901-1303 島尻郡与那原町与那原1104番地

**⑳ マリンプラザかねひで 東浜市場** MAP P.155 F-2 ⑳
📞 098-944-5500　🕐 9時～23時
🚏 与原　🚶 10分
30

〒901-1304 島尻郡与那原町東浜68番地1-2

**㉑ タウンプラザかねひで 広栄店** MAP P.156 D-3 ㉑
📞 098-877-0807　🕐 9時～23時
🚏 広栄団地入口　🚶 2分
21 25 56 88 90 98 125 190 297

〒901-2101 浦添市西原2丁目5番1号

**㉒ タウンプラザかねひで パイプライン伊祖店** MAP P.156 C-3 ㉒
📞 098-876-4334　🕐 9時～23時
🚏 伊祖入口　🚶 1分
99

〒901-2132 浦添市伊祖2丁目10番地3号

**㉓ タウンプラザかねひで 前田国際市場** MAP P.156 C-3 ㉓
📞 098-988-3200　🕐 9時～23時
🚈 ゆいレール経塚　🚶 5分

〒901-2132 浦添市前田1152番地2

**⓴ タウンプラザかねひで パイプライン内間市場** MAP P.156 B-3 ⓴ 行ったらチェック！
📞 098-874-6521　🕘 9時〜23時
🚏 宮城五丁目　🚶 3分
99
🚏 後原（浦添市）　🚶 4分
55 56 256

〒901-2126 浦添市宮城5丁目1番1号

**㉕ タウンプラザかねひで 牧港58市場** MAP P.156 C-3 ㉕ 行ったらチェック！
📞 098-879-0117　🕘 9時〜23時
🚏 港川　🚶 4分
20 23 24 26 27 28 29 31 32 43 52 63 77 80 92 110 120
223 227 228 263 391

〒901-2131 浦添市城間3004番地1

**㉖ タウンプラザかねひで 沖国大前店** MAP P.156 D-3 ㉖ 行ったらチェック！
📞 098-899-2555　🕘 9時〜23時
🚏 第一佐真下　🚶 6分
98 110

〒901-2216 宜野湾市佐真下60番地

**㉗ タウンプラザかねひで 宜野湾店** MAP P.157 E-2 ㉗ 行ったらチェック！
📞 098-893-3096　🕘 9時〜23時
🚏 赤道　🚶 1分
21 24 25 27 52 61 80 88 90 92 110 125 190 227

〒901-2205 宜野湾市赤道2丁目5番地1号

**㉘ タウンプラザかねひで 真志喜店** MAP P.156 D-2 ㉘ 行ったらチェック！
📞 098-890-0707　🕘 9時〜23時
🚏 第二真志喜　🚶 5分
32 43 61 99 112

〒901-2205 宜野湾市大山6丁目10番地4号

**㉙ タウンプラザかねひで のだけ市場** MAP P.157 E-2 ㉙ 行ったらチェック！
📞 098-987-6977　🕘 9時〜23時
🚏 宜野湾市役所前　🚶 7分
21 24 25 27 52 61 80 88 90 92 110 125 190 227

〒901-2203 宜野湾市野嵩1丁目26番地1号

〒901-2401 中頭郡中城村久場1963番地

### タウンプラザかねひで 中城モール店 MAP P.157 G-2 ㉚
📞 098-895-6686　🕘 9時～22時
🚏 久場崎　🚶 1分
`30`

〒904-0102 中頭郡北谷町伊平1丁目12番地15号

### タウンプラザかねひで 北谷サンセット市場 MAP P.158 A-3 ㉛
📞 098-923-0310　🕘 9時～23時
🚏 第一伊平　🚶 4分
`43` `96`
🚏 伊平　🚶 10分
`20` `28` `29` `112` `120` `228`

〒904-0322 中頭郡読谷村波平2161番地2号

### タウンプラザかねひで 読谷店 MAP P.160 A-3 ㉜
📞 098-958-6558　🕘 9時～23時
🚏 大当　🚶 2分
`28` `62` `228`

〒904-0001 沖縄市越来3丁目14番地46号

### タウンプラザかねひで 越来店 MAP P.158 D-2 ㉝
📞 098-934-8977　🕘 9時～23時
🚏 美里小学校前　🚶 3分
`30` `62` `75` `90` `123` `190`

### タウンプラザかねひで 高原店 MAP P.158 D-3 ㉞
📞 098-933-7953　🕘 9時～23時
🚏 高原　🚶 16分
`30` `31` `52` `60` `61` `331`

〒904-2171 沖縄市高原1丁目1番20号

〒904-2173 沖縄市比屋根2丁目2番2号

### タウンプラザかねひで 比屋根市場 MAP P.158 D-3 ㉟
📞 098-923-1840　🕘 9時～23時
🚏 比屋根　🚶 16分
`30` `52` `61`

**タウンプラザかねひで 美里市場** MAP P.158 D-2

📞 098-923-0404 🕐 9時〜23時

🚏 美里入口 🚶 2分

`21` `23` `24` `27` `52` `61` `77` `80` `93` `112` `113` `127` `223` `227` `777`

〒904-2154 沖縄市東2丁目1−39

---

**タウンプラザかねひで 山内市場** MAP P.158 B-3

📞 098-989-7280 🕐 9時〜23時

🚏 安全運転学校前 🚶 1分

`21` `112` `123`

〒904-0035 沖縄市南桃原4丁目29番6号

---

**タウンプラザかねひで 諸見店** MAP P.158 C-3

📞 098-933-9952 🕐 9時〜23時

🚏 諸見 🚶 9分

`21` `23` `24` `27` `31` `60` `62` `63` `75` `77` `80` `90` `93` `110` `112` `123` `190` `223` `227` `263`

〒904-0032 沖縄市諸見里3丁目44番39号

---

**タウンプラザかねひで 照屋店** MAP P.158 D-3

📞 098-934-0507 🕐 9時〜23時

🚏 照屋入口 🚶 8分

`30` `31` `52` `60` `61` `331`

〒904-0011 沖縄市照屋3丁目9番地3号

---

**タウンプラザかねひで コザ十字路市場** MAP P.158 D-2

📞 098-988-7791 🕐 9時〜23時

🚏 コザ 🚶 8分

`21` `23` `24` `27` `30` `31` `52` `60` `61` `62` `63` `75` `77` `80` `90` `93` `110` `112` `113` `123` `127` `190` `223` `227` `263` `331` `777`

〒904-0003 沖縄市住吉1丁目1番地4号

---

**タウンプラザかねひで 登川市場** MAP P.158 D-1

📞 098-989-9061 🕐 9時〜23時

🚏 登川 🚶 12分

`75` `90` `123` `190`

〒904-2142 沖縄市字登川516番地

〒904-2302 うるま市与那城西原596番地3

タウンプラザかねひで **よかつ阿麻和利市場** MAP P.159 G-3 ㊷
📞 098-987-8677 　🕘 9時〜23時
🚏 西原 　🚶 4分
`27` `52` `61` `80` `93` `127` `227` `777`

〒904-2242 うるま市高江洲1089番地

タウンプラザかねひで **志林川店** MAP P.159 E-1 ㊸
📞 098-974-5627 　🕘 9時〜23時
🚏 喜仲入口 　🚶 1分
`21` `22` `23` `24` `27` `63` `77` `80` `93` `112` `113` `127` `223` `227` `263` `777`

〒904-2215 うるま市みどり町4丁目2番地6号

タウンプラザかねひで **具志川店** MAP P.159 E-1 ㊹
📞 098-973-0598 　🕘 9時〜23時
🚏 うるま市役所前 　🚶 1分
`23` `112` `113` `223`

〒904-1111 うるま市石川東恩納601

タウンプラザかねひで **東恩納市場** MAP P.161 E-2 ㊺
📞 098-923-1520 　🕘 9時〜23時
🚏 前原 　🚶 3分
`48`
🚏 東恩納 　🚶 7分
`22` `48` `75` `77` `123`

〒904-2235 うるま市前原54番地

タウンプラザかねひで **ABLOうるま市場** MAP P.159 E-2 ㊻
📞 098-923-1640 　🕘 9時〜23時
🚏 具志川ジャスコ入口 　🚶 15分
`30`
🚏 泡瀬営業所 　🚶 17分
`30` `31` `60` `331`

〒904-1106 うるま市石川2丁目2番地1号

タウンプラザかねひで **石川市場** MAP P.161 E-2 ㊼
📞 098-964-6262 　🕘 9時〜23時
🚏 石川市場前 　🚶 2分
`22` `48` `75` `77` `123`

**48** タウンプラザかねひで あげな市場　MAP P.159 E-1 **48**

📞 098-974-1712　🕘 9時〜23時

🚏 中農前　🚶 2分

21 22 23 24 27 63 77 80 93 112 113 127 223 227 263 777

〒904-2213 うるま市田場1220番地1号

**49** タウンプラザかねひで 金武鍾乳洞市場　MAP P.162 B-4 **49**

📞 098-968-4451　🕘 9時〜23時

🚏 浜田　🚶 4分

22 77

〒904-1201 国頭郡金武町金武7956番地6

**50** タウンプラザかねひで 大北店　MAP P.163 D-1 **50**

📞 0980-54-1738　🕘 9時〜23時

🚏 大北　🚶 3分

65 66 67 72 76 78 120

〒905-0019 名護市大北3丁目2番78号

**51** タウンプラザかねひで なんぐすく桜市場　MAP P.162 D-1 **51**

📞 0980-43-5277　🕘 9時〜23時

🚏 名護城入口　🚶 4分

20 22 65 66 70 76 77 78 120

〒905-0021 名護市東江1丁目6番3号

**52** タウンプラザかねひで 大宮市場　MAP P.162 D-1 **52**

📞 0980-43-0586　🕘 9時〜23時

🚏 第二名座喜原　🚶 2分

20 22 67 70 76 78 120

〒905-0011 名護市宮里6丁目8番18号

**53** タウンプラザかねひで なご湾市場　MAP P.162 D-1 **53**

📞 0980-43-9175　🕘 9時〜23時

🚏 世富慶　🚶 2分

20 22 77 78 111 117 120

〒905-0021 名護市東江5丁目22番地2号

### 54 タウンプラザかねひで もとぶ美ら海市場　MAP P.164 A-2
📞 0980-47-2481　🕘 9時〜23時
🚏 第二大浜　🚶 2分
65 66 70 76

〒905-0212 国頭郡本部町大浜876番地13号

### 55 タウンプラザかねひで 今帰仁桜市場　MAP P.164 B-1
📞 0980-43-8823　🕘 9時〜23時
🚏 越地　🚶 3分
65 66

〒905-0423 国頭郡今帰仁村字平敷282番地1

### 56 タウンプラザかねひで みゃーく平良市場　MAP P.167
📞 0980-73-5111　🕘 9時〜23時
🚏 ツタヤ前　🚶 1分
1 2 3 4 5 6 9

〒906-0012 宮古島市平良西里965番地2号

### 57 タウンプラザかねひで 石垣市場　MAP P.167
📞 0980-83-3165　🕘 9時〜23時
🚏 かねひで前　🚶 1分
1 2 3 5 6 13
〒907-0004 石垣市登野城642番地1

# 路線バスでスーパーに行こう！
# ユニオン
# 全店舗紹介

バス停名の下の数字はバス番号。一部路線の番号別路線図はP.140以降に掲載しています。

---

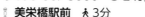

〒900-0016 那覇市前島2-6-1

### フレッシュプラザユニオン前島店 MAP P.154 C-1 ①

📞 098-867-5006 　🕐 24時間

🚏 美栄橋駅前 　🚶 3分

4 14 27 30 52 77 346 385

🚉 ゆいレール美栄橋駅 　🚶 3分

※2024年1月31日午後12時で一時閉店。改装後に開店予定（時期未定）

---

〒900-0004 那覇市銘苅1-19-1 アクロスプラザ古島駅前1階

### フレッシュプラザユニオン古島店 MAP P.154 C-1 ②
📞 098-941-2088 　🕐 24時間

🚏 興南高校前 　🚶 2分

11 21 55 56 88 90 98 112 190 256 333

🚉 ゆいレール古島駅 　🚶 7分

---

〒901-0154 那覇市赤嶺2-4-4

### フレッシュプラザユニオン赤嶺店 MAP P.154 B-2 ③

📞 098-857-6577 　🕐 24時間

🚏 赤嶺駅前 　🚶 2分

17 27 32 39 43 56 87 89 256

🚉 ゆいレール赤嶺駅 　🚶 1分

---

〒902-0068 那覇市真嘉比3-14-1

### フレッシュプラザユニオン真嘉比店 MAP P.154 C-1 ④
📞 098-884-3320 　🕐 24時間

🚏 真嘉比 　🚶 1分

8

🚏 真嘉比東 　🚶 4分

7 8 13

🚉 ゆいレールおもろまち駅 　🚶 10分

---

〒901-0213 豊見城市高嶺389-1

### フレッシュプラザユニオン豊見城店 MAP P.154 C-3 ⑤

📞 098-856-7388 　🕐 24時間

🚏 豊見城団地入口 　🚶 2分

105 446

**⑥ フレッシュプラザユニオン津嘉山店** MAP P.154 D-2 ⑥
📞 098-940-6600 ⏰ 24時間
🚏 翔南製糖前 🚶 13分
34 35 50 51 54 83 200 235 334

〒901-1117 南風原町字津嘉山1324

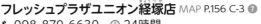

**⑦ フレッシュプラザユニオン経塚店** MAP P.156 C-3 ⑦
📞 098-870-6630 ⏰ 24時間
🚏 第二経塚 🚶 2分
191 391

〒901-2102 浦添市前田817番地

**⑧ フレッシュプラザユニオン仲間店** MAP P.156 C-3 ⑧
📞 098-878-7752 ⏰ 24時間
🚏 浦添小学校前 🚶 1分
56 256

〒901-2103 浦添市仲間3丁目3-2

**⑨ フレッシュプラザユニオン宇地泊店** MAP P.156 C-2 ⑨
📞 098-898-5400 ⏰ 24時間
🚏 兼久原 🚶 5分
26 32 55

〒901-2227 宜野湾市宇地泊751

**⑩ フレッシュプラザユニオン伊佐店** MAP P.156 D-2 ⑩
📞 098-898-0277 ⏰ 24時間
🚏 市営伊佐住宅前 🚶 2分
43 88 112

〒901-2221 宜野湾市伊佐2-20-1

**⑪ フレッシュプラザユニオン新城店** MAP P.157 E-2 ⑪
📞 098-892-6203 ⏰ 24時間
🚏 新城 🚶 10分
22 23 77 88 223 331 777

〒901-2201 宜野湾市新城2-41-25

営業時間などは変更になる場合があります。最新情報は各スーパーのホームページなどでご確認ください **97**

## フレッシュプラザユニオン上原店 MAP P.157 E-2 ⑫

📞 098-892-8300　🕐 24時間
🚏 宜野湾市役所前　🚶 3分
21 24 25 27 52 61 80 88 90 92 110 125 190 227

〒901-2204 宜野湾市上原1-7-1

## フレッシュプラザユニオン普天間店 MAP P.157 E-1 ⑬

📞 098-893-1210　🕐 24時間
🚏 普天間市場入口　🚶 7分
21 24 25 27 52 61 80 88 90 92 110 125 190 227

〒901-2203 宜野湾市野嵩3-8-6

## フレッシュプラザユニオン中城店 MAP P.157 E-3 ⑭

📞 098-895-7122　🕐 24時間
🚏 中城南小学校前　🚶 2分
97 125

〒901-2424 中頭郡中城村字南上原497

## フレッシュプラザユニオン北谷店 MAP P.158 B-3 ⑮

📞 098-936-1238　🕐 24時間
🚏 北谷第二小学校前　🚶 7分
75

〒904-0103 中頭郡北谷町桑江517-1

## フレッシュプラザユニオンあわせ店 MAP P.159 E-3 ⑯

📞 098-939-5588　🕐 24時間
🚏 安原入口　🚶 2分
31 60 331

〒904-2161 沖縄市古謝2-20-1

## フレッシュプラザユニオン宮里店 MAP P.158 D-2 ⑰
📞 098-929-3755　🕐 24時間
🚏 加納原　🚶 3分
27 110

〒904-2165 沖縄市宮里4-3-1

### フレッシュプラザユニオン松本店 MAP P.158 D-2 ⑱

📞 098-938-1115 　🕐 24時間

🚏 松本 　🚶 2分

62 75 90 123 190

〒904-2151 沖縄市松本5-3-4

### フレッシュプラザユニオン赤道店 MAP P.158 D-1 ⑲

📞 098-979-1313 　🕐 24時間

🚏 明道 　🚶 5分

63 263

〒904-2245 うるま市字赤道627-6

### フレッシュプラザユニオンあげな店 MAP P.159 E-1 ⑳

📞 098-974-1320 　🕐 24時間

🚏 赤野 　🚶 3分

23 112 113 223

〒904-2215 うるま市みどり町4-7-5

# 路線バスでスーパーに行こう！
# リウボウストア
## 全店舗紹介

バス停名の下の数字はバス番号。一部路線の番号別路線図はP.140以降に掲載しています。

---

**①**

〒902-0067 那覇市安里388-6

### 栄町りうぼう
📞 098-835-5165 　🕐 24時間
🚏 姫百合橋 　🚶 6分
17 30 31 55 56 90 98 112 190 256
🚌 ゆいレール安里駅 　🚶 2分

MAP P.154 C-1 ❶

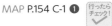 行ったらチェック！✓

---

**②**

〒902-0063 那覇市三原1-4-30

### 三原りうぼう
📞 098-853-4859 　🕐 7時〜24時
🚏 三原 　🚶 2分
6

MAP P.154 C-2 ❷

行ったらチェック！✓

---

**③**

〒902-0075 那覇市国場703

### 国場りうぼう
📞 098-833-8282 　🕐 9時〜24時
🚏 寄宮中学校前 　🚶 4分
6 35 40 235 309

MAP P.154 C-2 ❸

 行ったらチェック！✓

---

**④**

〒902-0036 沖縄県那覇市西2-17-6

### 西町りうぼう
📞 098-860-8818 　🕐 9時〜24時
🚏 三重城 　🚶 5分
1 2 3 5 15 45
🚌 ゆいレール旭橋駅 　🚶 16分

MAP P.154 B-1 ❹

 行ったらチェック！✓

---

**⑤**

〒900-0005 那覇市天久1-2-1

### 天久りうぼう
📞 098-941-1188 　🕐 24時間
🚏 楽市前 　🚶 2分
3 7 11 21 99 200 223 227 228 235 263

MAP P.154 C-1 ❺

 行ったらチェック！✓

**6** 首里りうぼう
📞 098-884-1111 　🕐 9時〜24時
🚏 首里りうぼう前 　🚶 2分
`7` `8` `16`
🚃 ゆいレール首里駅 　🚶 5分

〒903-0807 那覇市首里久場川町2-122-1

MAP P.154 D-1 **6**

**7** FamilyMart+りうぼう 泉崎店
📞 098-833-9062 　🕐 24時間
🚏 県庁南口 　🚶 4分
`4` `6` `11` `12` `17` `31` `34` `35` `37` `38` `39` `40` `50` `51` `54` `55` `83`
`89` `101` `112` `235` `309` `334` `338` `339` `446`

〒900-0021 那覇市泉崎2-23-2

MAP P.154 B-2 **7**

**8** 小禄宮城りうぼう
📞 098-858-8855 　🕐 9時〜24時
🚏 宇栄原入口 　🚶 5分
`9` `17` `27` `32` `39` `43` `56` `87` `89` `256`

〒901-0147 那覇市宮城1-18-1

MAP P.154 A-3 **8**

**9** 豊崎食品館
📞 098-891-7700 　🕐 9時〜22時
🚏 アウトレットモールあしびなー前 　🚶 3分
`27` `32` `39` `43` `55` `56` `87` `88` `98` `105` `256`

〒901-0225 豊見城市豊崎1-411

MAP P.152 B-1 **9**

**10** 大平りうぼう
📞 098-870-8880 　🕐 9時〜24時
🚏 宮城入口 　🚶 3分
`55` `56` `99` `256`

〒901-2113 沖縄県浦添市大平2-6-1

MAP P.156 C-3 **10**

**11** 浦添りうぼう
📞 098-873-1122 　🕐 9時〜24時
🚏 SCSK沖縄センター前 　🚶 4分
`20` `23` `24` `26` `27` `28` `29` `31` `32` `43` `52` `63` `77` `80` `92` `110` `120`
`223` `227` `228` `263` `331` `391` `777`

〒901-2133 浦添市城間4-7-1

MAP P.156 C-3 **11**

営業時間などは変更になる場合があります。最新情報は各スーパーのホームページなどでご確認ください　**101**

**⑫ 浦西りうぼう** MAP P.156 D-3 ⑫ 行ったらチェック！

📞 098-871-1811　🕐 9時〜25時

🚏 総領事館前　🚶 1分

`25` `56` `125` `297`

〒901-2104 浦添市当山2-2-2-3号

**⑬ 普天間りうぼう** MAP P.157 E-1 ⑬ 行ったらチェック！

📞 098-896-1177　🕐 9時〜24時

🚏 普天間市場入口　🚶 2分

`21` `24` `25` `27` `52` `61` `80` `88` `90` `92` `110` `125` `190` `227`

〒901-2202 宜野湾市普天間2-14-1

営業時間などは変更になる場合があります。最新情報は各スーパーのホームページなどでご確認ください

---

# 「沖縄に行きたい！ でもなかなか行けない…」

そんなあなたにこの本は**「おうちで沖縄にいるような気分に浸る」**ための一冊です。

地域に密着した情報を提供することを主な目的とした音声メディア「コミュニティFM」。沖縄にはその放送局がなんと19もあります（全国2位）。しかも全局がスマホやパソコンで、**世界中どこでも無料で聴けます、見られます**（※）。

この本では各局の特徴やおすすめ番組を写真満載で紹介。気軽に沖縄のコミュニティFMを楽しめます。パーソナリティーのトークや沖縄音楽で癒されませんか？

※ 聴取、視聴に料金は発生しませんが、インターネットに接続する通信料金などは別途かかります。

沖縄にお住いの方は
地元や周辺地域を
再発見するきっかけに！

沖縄から離れて暮らす方には、
コミュニティFMで
今の故郷がわかります。

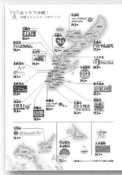

## おうちで沖縄！ ラジオで南国気分
### 〜沖縄コミュニティFM全19局ガイドブック〜

サイズ　14.8 x 0.8 x 21 cm　144ページ
編　集　ストライク・ゾーン
発行所　論創社
ISBN　978-4-8460-2126-9
定　価　1,800円＋税10%

特設サイト

病気療養中の方への
プレゼントにもおすすめです

### ■おすすめの58番組を紹介

・朝のワイド番組を聴いて、沖縄にいる気分に
・地元出身のプロ野球選手が質問に答える！
・超ローカル！明日の給食の献立やごみ出し情報

### ■こんな放送局があります！

・極上ビーチからスタジオが徒歩3分！
・放送局がおしゃれカフェと同居
・市役所の玄関横からON AIR

# 路線バスでスーパーに行こう！
# 丸大
# 全店舗紹介

バス停名の下の数字はバス番号。一部路線の番号別路線図はP.140以降に掲載しています。

---

**① 長田店**

MAP P.154 C-2 ①

 行ったらチェック！

📞 098-853-3464　🕐 7時〜23時

🚏 寄宮中学校前　🚶 4分

`6` `35` `40` `235` `309`

〒902-0077 那覇市長田1-17-9

---

**② 勢理客店**

MAP P.156 B-3 ②

 行ったらチェック！

📞 098-942-5345　🕐 24時間

🚏 神森小学校入口　🚶 5分

`99`

🚏 第一仲西　🚶 9分

`20` `23` `24` `26` `27` `28` `29` `31` `32` `43` `52` `63` `77` `80` `92` `99` `110` `120` `223` `227` `228` `263`

〒901-2122 浦添市勢理客2-9-13

---

**③ 国場店**

MAP P.154 C-2 ③

 行ったらチェック！

📞 098-833-1725　🕐 24時間

🚏 真玉橋　🚶 5分

`6` `12` `18` `30` `34` `37` `38` `39` `45` `50` `51` `54` `83` `113` `123` `127` `200` `334` `338` `339`

〒902-0075 那覇市国場976

---

**④ 真玉橋店**

MAP P.154 C-3 ④

 行ったらチェック！

📞 098-840-5511　🕐 7時〜23時

🚏 嘉数入口　🚶 2分

`45` `105`

〒901-0201 豊見城市真玉橋314

---

**⑤ 糸満店**

MAP P.152 B-1 ⑤

行ったらチェック！

📞 098-840-3650　🕐 24時間

🚏 翁長　🚶 2分

`89`

〒901-0301 糸満市阿波根1543

**⑥ 南風原店**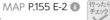
はえばる
📞 098-889-3465　🕐 7時〜24時
📍 宮平　🚶 1分
MAP P.155 E-2 ⑥
30 37 38 39 338 339
〒901-1104 南風原町字宮平251

**⑦ 与那原東店**
よなばるひがし
📞 098-946-4500　🕐 24時間
📍 北板良敷　🚶 2分
きたいたらしき
MAP P.155 F-2 ⑦
36 37 38 39 338 339
〒901-1303 与那原町字与那原3867-2

**⑧ 佐敷店**
さしき
📞 098-947-6674　🕐 8時〜23時
📍 新開　🚶 7分
しんかい
MAP P.155 F-3 ⑧
36 37 38 39 338 339
〒901-1415 南城市佐敷字新開1-340

**⑨ 読谷伊良皆店**
よみたんいらみな
📞 098-956-9099　🕐 7時〜22時
📍 伊良皆　🚶 3分
いらみな
MAP P.158 A-1 ⑨
28 62 228
〒904-0303 読谷村字伊良皆302

**⑩ 読谷波平店**
よみたんなみひら
📞 098-923-2535　🕐 8時 〜 24時
📍 波平　🚶 7分
なみひら
MAP P.160 A-3 ⑩
28 62 228
〒904-0322 読谷村波平1696番地

# まだまだある 沖縄のスーパー

地元5大スーパー以外にも沖縄県内にはチェーン展開している
スーパーがあります。そのいくつかをご紹介します。

## イオン琉球

イオン、マックスバリュー、ザ・ビッグを
運営。イオンモールの中の店舗もありま
す。北中城村の「イオンモール沖縄ライ
カム」は県内最大級のリゾート型ショッ
ピングモール。1日ではまわりきれない
程の広さです。

**イオン**　7店舗
**マックスバリュー**　32店舗（那覇市を含
む南部13店舗、中部11店舗、北部2店舗、
宮古島2店舗、石垣島4店舗）
**ザ・ビッグ**　9店舗

## Aコープ

JA（全農）グループのJAおきなわのスー
パーです。離島への展開も多く全21店舗
です。

## ジミー

県内の有名洋菓子店「Jimmy's」が運営す
るスーパー。レストランやカフェを併設す
るお店もあります。小型スーパーとして
は10店舗。赤いレンガ造りの外観が目印
です。

## コープおきなわ

生協が運営するスーパーです。那覇市5
店舗、浦添市1店舗、沖縄市2店舗、名護
市1店舗の全9店舗です。

# 「共同売店」って知っていますか？

## スーパーやコンビニでは味わえない魅力

共同売店ファンクラブ代表　眞喜志 敦

「これを抜きにして沖縄は語れない」というモノが、県民や沖縄好きには必ずある。やんばるや離島の集落で目にする「共同売店」もその1つだろう。朝ドラ「ちむどんどん」に登場し全国的に知名度が上がったが、ちょっとディープ過ぎて入ったことがないという方も多いのではないだろうか。スーパーやコンビニでは味わえない共同売店の魅力を改めて紹介しよう。

一見、ただの古びた商店だが、住民のほぼ全員（全戸）が株主となって設立、運営も共同で行う。農協や生協などの協同組合に近いが、ほぼ沖縄と奄美周辺の島々にしかなく、日本の法律では捉えどころがない固有種か全滅危惧種のような存在だ。見た目以上に歴史は古く、今から117年前、1906（明治39）年にまで遡る。沖縄本島の北端、高速が整備された現在でも那覇から車で2時間以上かかる「奥」という小さな集落で最初の共同売店、奥共同店が誕生した。その成功を受け大正から昭和、戦後に至るまで各地で続々と設立され、その数は奄美周辺も含め、のべ200箇所に上る。

かつては購買事業に留まらず、発電や製材、精米、製茶、共同風呂、共同バス、教育資金の援助など、生活の様々な場面で大きな役割を果たした。戦前の貧しい時代から戦中戦後の苦難の歴史の中で、共同売店は互いに助け合う「ゆいまーる」の象徴だった。

残念ながら現在は県内で50店ほどにまで減ってはいるものの、創業100年を超える老舗も20店以上が健在。今でも新設されることがあり、2011年に与那国島で比川地域共同売店、2022年にも金武町で並里区売店が誕生。沖縄ならではのユニークな相互扶助は令和のウチナーンチュにも受け継がれている。

「住民による住民のための商店」ではあるが、もちろん地元の人しか買えない訳ではない。昔懐かしい雰囲気や、ローカルなアイテムに惹かれ訪れる観光客も増えている。

古民家のような木造瓦葺きの佇まいの諸志共同売店（今帰仁村）は、メディアにもよく取り上げられ映画やグラビアの撮影にも使われるほど。その他の多くの売店はコンクリートに変わっているが、壁にペンキで店名を直書きした外観が建築家やアーティストの目に留まり、近年「島建築」として評価する動きも。

ローカルな商品と言えば、幻のやんばるスイーツ「ロンロン」（有限会社渡具知、名護市）や「はちみつ入り大判焼」（宮城製菓、大宜味村）。大手には卸してない（というか卸せない）ため共同売店や地域の商店でしか手に入らない。波照間島では、幻の泡盛「泡波」を求めて観光客が共同売店をハシゴするというのは有名な話だが、最近は各売店のオリジナル商品も増え、各店のオリジナルTシャツをコンプリートしようと共同売店を巡る熱心なファンも現れている。

それぞれが独立している共同売店は、チェーン店などと違って地域性が豊かな点も魅力だ。「世界最大の共同売店」と呼ばれる恩納共同売店（恩納村）は3階建てで自動ドア、POSレジも完備したスーパー並の構えで、地元食材や惣菜も豊富。一方、「世界最小の共同売店」こと伊部売店（元共同売店、国頭村）は、わずか10坪足らずで 普段はなんと無人。呼び鈴を押すと隣の母屋からお婆ちゃん（休日は娘さん）が出てくる。「潰れそうなあの店が潰れない秘密」（『日経ビジネス』2016年5月号）などという喜んでいいのかよく分からない特集に見開きで紹介され、人気急上昇中だ。

そして、何と言っても共同売店の最大の魅力は、店の人や地元の方とのユンタク（おしゃべり）ではないだろうか。何気ない会話から人と人との繋がりや絆が芽生えていく楽しみ。価格や品揃えでは太刀打ちできないが、スーパーでは決して真似のできない魅力に溢れた共同売店に、「お邪魔します」の心でぜひ訪れてみてほしい。

共同売店ファンクラブ
ホームページ

# 沖縄の道の駅

観光案内の拠点であり休憩施設である道の駅。
物産販売のコーナーもある「地域の顔」とも言える施設です。
沖縄本島の14施設を北から順にご紹介します。

海の駅あやはし館

# 道の駅
# ゆいゆい国頭

住所 ▶ 〒905-1412 国頭郡国頭村字奥間1605

電話番号 ▶ 0980-41-5555

営業時間 ▶ 9時～18時

定休日 ▶ 年中無休

MAP P.166 A-4 ❶

# 道の駅 やんばる パイナップルの丘 安波

住所 ▶ 〒905-1504 国頭郡国頭村安波1089番地7

電話番号 ▶ 0980-43-5115

営業時間 ▶ 10時〜17時

定休日 ▶ 年中無休

MAP P.165 H-1 ❷

# 道の駅 おおぎみ
# やんばるの森ビジターセンター

住所 ▶ 〒905-1318 国頭郡大宜味村津波95

電話番号 ▶ 0980-44-2233

営業時間 ▶ 9時30分〜18時30分

定休日 ▶ 年中無休

MAP　P.165 E-2 ❸

# 道の駅
# サンライズひがし

住所 ▶ 〒905-1204 国頭郡東村平良550-23

電話番号 ▶ 0980-43-2270

営業時間 ▶ 9時～18時

定休日 ▶ 年中無休

MAP P.165 F-3 ❹

# 今帰仁の駅
# そーれ

住所 ▶ 〒905-0412 今帰仁村字玉城157

電話番号 ▶ 0980-56-4940

営業時間 ▶ 9時～17時

定休日 ▶ 月曜日

MAP P.164 C-2 ❺

# 羽地の駅

住所 ▶ 〒905-1143 名護市字真喜屋763番地1

電話番号 ▶ 0980-58-2358

営業時間 ▶ 9時30分〜18時

定休日 ▶ 年中無休

MAP P.164 D-3 ❻

# 道の駅
# 許田

住所 ▶ 〒905-0024 名護市許田 17-1

電話番号 ▶ 0980-54-0880

営業時間 ▶ 8時30分〜19時

定休日 ▶ 年中無休

MAP P.162 D-2 ❼

# 道の駅
# ぎのざ

住所 ▶ 〒904-1304 国頭郡宜野座村字漢那1633番地

電話番号 ▶ 098-968-4520

営業時間 ▶ 9時30分〜18時

定休日 ▶ お盆、年末年始

MAP P.162 C-4

# おんなの駅
# なかゆくい市場

住所 ▶ 〒904-0415 国頭郡恩納村字仲泊1656-9

電話番号 ▶ 098-964-1188

営業時間 ▶ 10時〜19時

定休日 ▶ 年中無休

MAP P.160 D-1 **9**

**117**

# 道の駅
# かでな

住所 ▶ 〒904-0202 中頭郡嘉手納町屋良1026番地3

電話番号 ▶ 098-957-5678

営業時間 ▶ 9時〜19時（お土産屋）

定休日 ▶ 年中無休

MAP P.158 B-1 ❿

# 海の駅
# あやはし館

住所 ▶ 〒904-2427 うるま市与那城屋平4番地
電話番号 ▶ 098-978-8830
営業時間 ▶ 9時〜17時30分
定休日 ▶ 年中無休

MAP P.159 H-3 ⑪

# 道の駅
# 豊崎

住所 ▶ 〒901-0225 豊見城市字豊崎3-39

電話番号 ▶ 098-850-8760

営業時間 ▶ 9時〜18時 (JAおきなわ食菜館 菜々色畑)

定休日 ▶ 年中無休

MAP P.152 A-1 ⑫

# 道の駅
# いとまん

住所▶ 〒901-0306 糸満市字西崎4-19-1
電話番号▶ 098-992-1030
営業時間▶ 9時30分～18時 (特産品コーナー)
定休日▶ 年中無休

MAP P.152 B-2 ⓲

# 南の駅
# やえせ

住所 ▶ 〒901-0512 島尻郡八重瀬町具志頭659

電話番号 ▶ 098-851-3824

営業時間 ▶ 10時〜18時

定休日 ▶ 年中無休

MAP P.153 E-2 ⑭

# 発行 **20** 周年！

## 日本で唯一の韓国プロ野球本で国際大会のライバルをチェックしよう！

# 路線バスでプロ野球のキャンプ地へ！
# パ・リーグ 韓国球団編

毎年2月になると、シーズン開幕を前にプロ野球の各球団が沖縄で春季キャンプ（チーム練習）を行います。沖縄には例年12球団中、9球団が沖縄本島でキャンプを実施。韓国の球団もやってきます。

野球に興味がない人は「練習を見て楽しいの?」と思うかもしれませんが、キャンプは試合中と違って参加している選手全員がグラウンドで活動。朝からお昼過ぎまで施設内を移動しながらレベルアップや調整をしていくので、たくさんの選手のプロの凄さを目の前で見られる稀な機会です。球場周辺にはグッズショップや食べ物のお店も並ぶので楽しめますよ。スーパーでお弁当や飲み物を買ってから行くのもいいかも！

北海道日本ハムファイターズ
（一軍）
**タピックスタジアム名護**

F

韓国・サムスンライオンズ
**ONNA赤間ボール・パーク**

SL

北海道日本ハムファイターズ
（ファーム）
**かいぎんスタジアム国頭（くにがみ）**

F

東北楽天ゴールデンイーグルス
**金武町（きんちょう）ベースボールスタジアム**

E

千葉ロッテマリーンズ
**糸満市西崎球場**

M

伊江村 / 国頭村 / 今帰仁村 / 大宜味村 / 本部町 / 東村 / 名護市 / 恩納村 / 宜野座村 / 金武町 / 読谷村 / うるま市 / 嘉手納町 / 沖縄市 / 北谷町 / 北中城村 / 宜野湾市 / 中城村 / 浦添市 / 西原町 / 那覇市 / 与那原町 / 南風原町 / 豊見城市 / 南城市 / 八重瀬町 / 糸満市

※セ・リーグ編はP.126に。
※キャンプ実施場所は変更になる場合もあります。

糸満市西崎球場

千葉ロッテマリーンズ
## 糸満市西崎球場
西崎運動公園前下車、徒歩5分（400m）

89

東北楽天ゴールデンイーグルス
## 金武町ベースボールスタジアム
銀原下車、徒歩9分（800m）

| 22 P.142 | 77 P.142 |
| --- | --- |

2023年春は韓国・KIAタイガースも2次キャンプで使用

タピックスタジアム名護

北海道日本ハムファイターズ（一軍）
## タピックスタジアム名護
名護バスターミナル下車、
徒歩5分（400m）

| 20 P.140 | 22 P.142 | 65 | 66 | 67 |
| --- | --- | --- | --- | --- |
| 70 | 72 | 76 | 77 P.142 | 78 |
| 111 | 117 | 120 P.140 | YKB | CD、D、DE、E |

北海道日本ハムファイターズ（ファーム）
## かいぎんスタジアム国頭
半地共同売店前下車、
徒歩4分（280m）

67

ONNA赤間ボール・パーク

韓国・サムスンライオンズ
## ONNA赤間ボール・パーク
屋嘉田下車、徒歩20分（1.4km）
※かなり急な坂を上っていく

| 20 P.140 | 120 P.140 |
| --- | --- |

# 路線バスでプロ野球のキャンプ地へ！
# セ・リーグ編

※パ・リーグ　韓国球団編はP.124に。
※キャンプ実施場所は変更になる場合もあります。

**阪神タイガース（一軍）**
**バイトするなら**
**エントリー宜野座スタジアム**

伊江村
今帰仁村
本部町
国頭村
大宜味村
東村
名護市

**中日ドラゴンズ（ファーム）**
**オキハム読谷平和の森球場**

**中日ドラゴンズ（一軍）**
**Agreスタジアム北谷**

恩納村
宜野座村
金武町

**阪神タイガース（ファーム）**
**うるま市具志川野球場**

読谷村
嘉手納町
うるま市
沖縄市

**広島東洋カープ**
**コザしんきんスタジアム**

北谷町
北中城村

**読売ジャイアンツ**
**沖縄セルラー**
**スタジアム那覇**

宜野湾市
中城村
浦添市
西原町
那覇市
与那原町
南風原町
南城市
豊見城市
八重瀬町
糸満市

**横浜DeNAベイスターズ**
**ユニオンですからスタジアム宜野湾**

**東京ヤクルトスワローズ**
**ANA BALL PARK浦添**

---

セルラースタジアム那覇

読売ジャイアンツ

## 沖縄セルラースタジアム那覇

公園前下車。またはゆいレール（P.70）・
奥武山公園駅下車、徒歩6分（450m）

| 9 | 23 P.142 | 26 | 27 P.144 | 32 | 39 | 43 | 55 | 56 |
| 83 | 87 | 88 | 89 | 98 | 99 | 113 | 120 P.140 | 123 |
| 125 P.146 | 256 | 446 | | | | | | |

東京ヤクルトスワローズ

## ANA BALL PARK浦添

浅野浦下車、
徒歩7分（500m）

| 21 | 88 | 90 | 98 | 112 | 190 |

仲間入口下車、徒歩4分（250m） 55

宜野湾海浜公園の入口・歓海門

### 横浜DeNAベイスターズ
# ユニオンですからスタジアム宜野湾
コンベンションセンター前下車、徒歩6分（500m）

      26 32 43 55 88 99 112

### 中日ドラゴンズ（一軍）
# Agreスタジアム北谷
謝苅入口下車、徒歩9分（700m）

20 P.140　28 P.140　29 P.140　43　62　63

96　112　120 P.140　228 P.140　263

### 中日ドラゴンズ（ファーム）
# オキハム読谷平和の森球場
座喜味下車、
徒歩14分（1.1km）　 29 P.140　 62

### 広島東洋カープ
# コザしんきんスタジアム
佐久本
商店前下車　 113　127　　沖縄南IC下車、
徒歩4分（280m）　 111　 117

### 阪神タイガース（一軍）
# バイトするならエントリー宜野座スタジアム
中央公民館前下車、
徒歩5分（400m）　 22 P.142　 77 P.142　宜野座IC下車、
徒歩7分（550m）　111

### 阪神タイガース（ファーム）
# うるま市具志川野球場
金武湾下車、徒歩12分（900m）

27 P.144　80 P.144　93 P.144　127　227 P.144　777 P.144

2023年春は韓国・ロッテジャイアンツも3次キャンプで使用

# 沖縄の路線バス 使いこなせばこんなに快適！

鉄道はモノレール（ゆいレール）だけの沖縄県。しかし数多くの路線バスが東西南北くまなく走り、使いこなせばとっても便利で快適です。観光客だけではなく、地元の人にとっても路線バスの利用はいいことがいっぱいあります！

## 空港からすぐに目的地へ

　沖縄の玄関口・那覇空港に着いたら、「まずレンタカーの手続きをする」という旅行者、出張の方は多いでしょう。レンタカーは荷物が多かったり、大人数での移動には便利です。一方でバスには「すぐに目的地に向かえる」という良さがあります。最終日にガソリンを入れて返却という手間もありません。ご都合に合わせて沖縄の移動手段の一つにバスも入れてみてください。

## 駐車場の心配なし！

　「お店の予約をしたけど、駐車場を探している間に時間が過ぎちゃった」そんな経験はないでしょうか？特に那覇にはお店に駐車場がなく、細い道を行き来してコインパーキングを探さなきゃいけないところもあります。バスなら最寄りのバス停から直行すればOK。「不慣れな道を運転してイライラ」なんてこともなし。当然、駐車場代もかかりません。

## 景色を楽しめる！

　せっかく沖縄に来たのなら、青い空、白い雲、透き通った海を少しでも長い時間眺めたいもの。バスなら窓の外の景色を存分に楽しめます。自然だけではありません。沖縄ならではのコンクリート造りの家々や、門柱のシーサー、「石敢當」と書かれた街角の魔除け石碑など、特有の文化もバスなら味わえます。「あの高校知ってる、スポーツが強いところだ！」なんて発見も。

## 「ちょっと一杯」も大丈夫

　「運転があるからお酒はガマン。でも同乗者は飲んでいてちょっと嫉妬」、ということもバスならありません。ランチでもディナーでも飲みたい時にアルコールを口にしましょう！そして沖縄には試飲が出来る泡盛の酒蔵やビール工場など、お酒が楽しめる施設が多くあります。利き酒をしてお気に入りの味を見つけてお土産にすれば、より充実した旅になりますよ。

## 寝るもよし、スマホを見るもよし

　バスに揺られていると気持ちよくウトウトしちゃいますよね。さんさんと降り注ぐ陽の光を浴びながら、お昼寝＆移動なんて贅沢ではないですか？一方でアクティブ派も、バスならスマホをいじりながら行きたいお店を探したり、SNSに旅の思い出をアップするなど時間を有効活用できます。ビジネスマンもバスなら移動時間に作業が可能です。

## そもそも運転しない、運転が苦手

　「沖縄は車がないと不便らしい」。そんな声を耳にします。そのイメージで運転免許を持っていない人、または自主返納した人が、沖縄行きを敬遠していたら残念なことです。本書では沖縄の路線バスの情報を「乗客目線」でまとめています。地元の人でもあまり把握していない、沖縄の路線バスをわかりやすく収めたこの本を手に、ぜひ沖縄を満喫してください。

# 沖縄の路線バス 知っておきたいポイント

路線バスは地域によって乗り方などが違うため、「不安」という人もいるでしょう。このページでは沖縄の路線バスの「知っておきたいポイント」をまとめました。少しでも安心してバスを利用しましょう。

## 旭橋・那覇BTが起点の バスがものすごく多い

沖縄本島の中心地は人口32万人の都市、県庁所在地の那覇市です。そのため路線バスの起点の多くも那覇で、旭橋にある那覇バスターミナル（BT）が主な発着場所になっています。本島の他の地域から那覇方面に行きたい時は、那覇BT行きのバスに乗れば、そこから他のバスやゆいレールに乗り換えが可能です。

## 使える交通系 ICカードはオキカだけ

沖縄の主要路線バス（琉球バス交通

沖縄バス 那覇バス 東陽バスの4社）に乗る時に使える交通系ICカードは、「OKICA（オキカ）」だけで、SuicaやPASMO、ICOCAなどは使えません（2023年10月現在）。なお、東京バス（TK01~04）では交通系ICカードは使えませんが、クレジットカード等のタッチ決済とPayPayでの支払いが可能（降車時払い）。やんばる急行バス（YKB）も交通系ICカードは不可ですが、クレジットカード、電子マネー、QRコード決済が可能です（乗車時払い）。

## ほとんどのバスが 「前乗り、前降り」

沖縄の路線バスはほとんどのバスが、「乗るのも降りるのも前のドア」。那覇市内を走る「市内線」だけ「前のドア

沖縄の路線バスで使える
交通系ICカード「OKICA」

「前乗り、前降り」バスの
乗降方法

❶降りる人がいな
くなったら乗る
❷整理券を取る
（またはOKICAを
タッチ）
❸下車時、運賃箱
に小銭と整理券
を入れる（または
OKICAをタッチ）
❹前から降りる

から乗って後ろのドアから降りる」があります。ということでバスに乗ろうとすると、運転手さんから「ちょっと待ってください」と言われたり、手で制されることがあります。お客さんが降りた後に「どうぞ」と言われたら乗りましょう。バス中ほどにドアがある場合も、使うのは車椅子の乗客の乗降時が大半です。運賃は降りる時に支払います。

## 時間通りに来ない？

　地元の人に路線バスについて聞くと、普段バスを利用していない人ほど「時間通りに来ないでしょ？」という声が返ってきます。実際、朝夕の道路混雑時、特に長い距離を走る路線では遅延が見られます。しかしOKICAの普及で料金支払いの時間が短縮され、以前より遅れは減っているように感じます。Googleマップでバス停名を検索すると、どのバスが何分後に来るか表示されます。

## 便利なフリーパスがある

　1日または3日間利用可能な「沖縄路線バス周遊パス」があります。いずれも路線バス専用と、ゆいレールも乗れるものがあります。ただし那覇空港と名護方面を結ぶ高速バス111、117番は利用出来ません。紙の周遊パスは那覇空港観光案内所（販売18時まで）などで購入可能。

　アプリ版の「OTOPa（オトパ）」は、クレジットカードでオンライン決済をすると利用出来ます。乗降時にバス車内のQRコードを撮影し、表示された画面を運転手さんに見せます。降車時も同様です。料金は以下の通りです（2023年10月現在）。

沖縄路線バス周遊アプリ
「OTOPa」
1日パス
大人2,500円　子供1,250円
3日パス
大人5,000円　子供2,500円
1日パス（ゆいレールプラス）
大人3,000円　子供1,500円
3日パス（ゆいレールプラス）
大人5,500円　子供2,750円

紙の周遊パス。1日用（左）と3日用。ゆいレールの1日乗車券がプラスされているものは券面下部に引換券があり、駅員さんに提示すると1日乗車券が渡される。左の1日乗車券は引換券を切り離したもの。

# 沖縄の玄関口　バスで目的地へ直行！
# 那覇空港旅客ターミナル

沖縄本島に訪れるほとんどの人が利用する空の玄関口。国内線はもちろん拡張された国際線ターミナルもあって、観光シーズンにはたくさんの人が。各種お土産物も揃います。路線バスの他に、リゾートホテルに向かうリムジンバスも発着しているので、空港からすぐに目的地に向かうことが出来ます。

那覇市
字鏡水150

 ○ お手洗い/ターミナルビル内に各階に複数あり。

 ○ 障害のある人が使えるお手洗い/ターミナルビル内に各階に複数あり。

 ○ コインロッカー/ターミナルビル1、2、3階に複数あり。

 ○ バス関連窓口/OKICA（交通系ICカード）のチャージは1階・那覇バスの窓口（9～17時）、またはゆいレール那覇空港駅の券売機。周遊バスの購入は沖縄県観光案内所（販売9～18時）で可能。

 ○ 待合室/バス専用の待合室はなし。ターミナルビル内に椅子あり。屋外のバス停前にわずかに椅子あり。

 ○ コンビニ/ターミナルビル1、2階にあり。

 ○ 自動販売機/ターミナルビル各階に複数あり。

 ○ ATM/ターミナルビル1、2階にあり。

 ○ Wi-Fi/空港無料Wi-Fiと沖縄県、那覇市が提供する無料サービスが利用可能。

 ○ 充電コーナー/ターミナルビル2、3階にあり。

 ○ タクシー/1階にのりばあり。

 ○ 喫煙所/1階の1番バスのりば前の他、2、3階にあり。

# 那覇空港国内線旅客ターミナル
## のりば案内

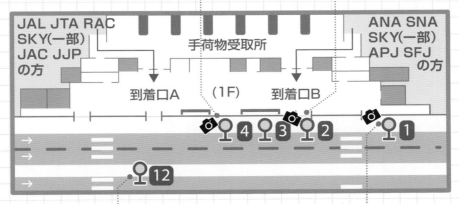

JAL JTA RAC
SKY(一部)
JAC JJP
の方

手荷物受取所

ANA SNA
SKY(一部)
APJ SFJ
の方

到着口A　　(1F)　　到着口B

4　3　2　1

12

# 沖縄の路線バスのメインスポット！
# 那覇バスターミナル(旭橋)(ゆいレール旭橋駅)

那覇空港からゆいレールで5駅目の旭橋駅に隣接する那覇バスターミナルは、2018年に新しくなって開業。本島内各地に行くためのバス路線が集まっています。バス待合室の他、ターミナルビルにはショップや沖縄県立図書館もあって、きれいで充実した施設になっています。

那覇市
泉崎1-20

  お手洗い/1階に3か所あり。

  障害のある人が使えるお手洗い/1階に3か所あり。

  コインロッカー/1階にあり。特大8個(600円)、大6個(500円)、中4個(400円)、小5個(300円)。

  バス関連窓口/1階到着エリアに琉球バス 沖縄バス 那覇バス 東陽バス、リムジンバス、定期観光バスの窓口あり。

  待合室/1階室内にあり。情報コーナーとコンビニが併設

  コンビニ/ファミリーマート。情報コーナー、待合室と併設。

  自動販売機/コインロッカー横などにあり。

  ATM/コンビニ内をはじめ、近隣にあり。

  Wi-Fi/沖縄県、那覇市が提供する無料サービスが利用可能。

  充電コーナー/ファミリーマートのフリースペースにあり。

  タクシー/1階旭橋駅寄りにのりばあり。

  喫煙所/1階到着エリア奥にあり。

# 那覇バスターミナル（旭橋）周辺

## のりば案内

※旭橋バス停に記した「A」、旭橋
　駅前バス停の「B」は本書での
　紹介用に便宜的につけたもの
　で、実際のバス停に「A」、「B」
　の表記はありません。

100m

B 旭橋駅前
鉄板焼
キャプテンズイン

↑てだこ浦西

旭橋

国道58号

那覇空港↓

待合所
トイレ
コンビニ

バス出発
ルート

那覇バス
ターミナル

バス到着
ルート

バス会社窓口

7
6
5
8
4
9
3
10
11
2
1

N
W　E
S

旭橋 A

トイレ
コインロッカー

# 国際通りの入口に面した沖縄の都会
# 県庁北口（ゆいレール県庁前駅　国際通り入口）

沖縄県庁の北側に位置し、那覇市役所と大型商業施設・パレットくもじの前にあるバス停。周りを高い建物が取り囲む那覇市内の都会です。県庁北口の交差点は繁華街で人気の観光スポット・国際通りの入口でもあります。那覇バスターミナル（BT）から徒歩圏内でBT同様に数多くのバスが走っています。

那覇市
久茂地1-1

 ○ お手洗い/「パレット市民トイレ」という公衆トイレあり。

 ○ 障害のある人が使えるお手洗い/「パレット市民トイレ」という公衆トイレあり。

 ○ コインロッカー/1階にあり。9〜21時まで。特大4個（600円）、大6個（400円）、中4個（300円）、小10個（200円）。ゆいレール県庁前駅券売機横にもあり。

 ✕ バス関連窓口/OKICAのチャージ機がパレットくもじのエントランスホールにあり。

 △ 待合室/バス停横にわずかに椅子あり。

 △ 売店/パレットくもじの地下1階から10階は沖縄唯一の百貨店・デパートリウボウ。

 △ 自動販売機/各建物の隅に数台あり。

 ○ ATM/パレットくもじ内のATMの他、銀行の本支店が近隣にあり。

 ○ Wi-Fi/沖縄県、那覇市が提供する無料サービスが利用可能。

 ✕ 充電コーナー/近隣のファストフード店のテーブルには設置あり。

 ○ タクシー/1階県庁前駅寄りにのりばあり。

 ○ 喫煙所/1パレットくもじ1階屋外に喫煙所、2階テラスに灰皿あり。

# 県庁北口周辺

※のりば番号は本書での紹介用に便宜的につけたもので、県庁北口周辺のバス停にのりば番号はありません。

# 地元っ子が集う、新しい商業エリア
# おもろまち駅周辺（那覇新都心）

かつては米軍施設だった牧港住宅地区が1987年に全面返還され、「那覇新都心」として再開発した場所。「おもろまち」という地名、駅名の「おもろ」とは琉球王朝時代の古い歌謡に由来し、方言の「思い」からきた言葉だそうです。大型ショッピングセンターや県立博物館・美術館などがあります。

那覇市
おもろまち4-1

| | | |
|---|---|---|
|  |  ○ | お手洗い/バスロータリーの中央にあり。 |
|  |  ○ | 障害のある人が使えるお手洗い/バスロータリーの中央にあり。 |
|  |  △ | コインロッカー/ゆいレールおもろまち駅の改札口の中にあり。大8個（600円）、中12個（400円）。 |
|  |  × | バス関連窓口/OKICAのチャージ機はおもろまち駅の券売機で可能。 |
|  |  △ | 待合室/バスロータリーの中央にあるが椅子はわずか。 |
|  |  △ | コンビニ/のりばBからおもろまち駅を通り過ぎた先にローソンあり。 |

| | | |
|---|---|---|
|  |  △ | 自動販売機/おもろまち駅改札口の横にあり。 |
|  |  △ | ATM/おもろまち駅改札内と近隣のローソンにあり。 |
|  |  ○ | Wi-Fi/沖縄県、那覇市が提供する無料サービスが利用可能。 |
|  |  × | 充電コーナー/近隣のカフェのテーブルには設置あり。 |
|  |  △ | タクシー/バスロータリーにのりばがあるが、流しのタクシーをつかまえた方が早い場合も。 |
|  |  × | 喫煙所/駅周辺はなし。 |

# おもろまち駅周辺

※おもろまち駅前バス停の「A」、「B」は本書での紹介用に便宜的につけたもので、実際のバス停に「A」、「B」の表記はありません。

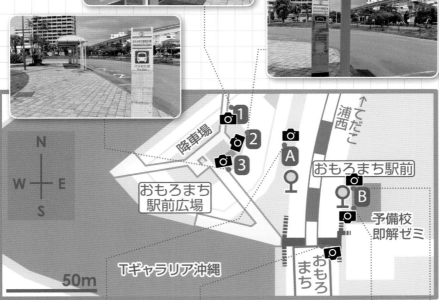

← てだこ
浦西

降車場

1
2
3

A

おもろまち駅前

B

おもろまち
駅前広場

予備校
即解ゼミ

おもろまち

Tギャラリア沖縄

50m

N
W — E
S

# バス番号別路線図 ※一部の路線のみ掲載

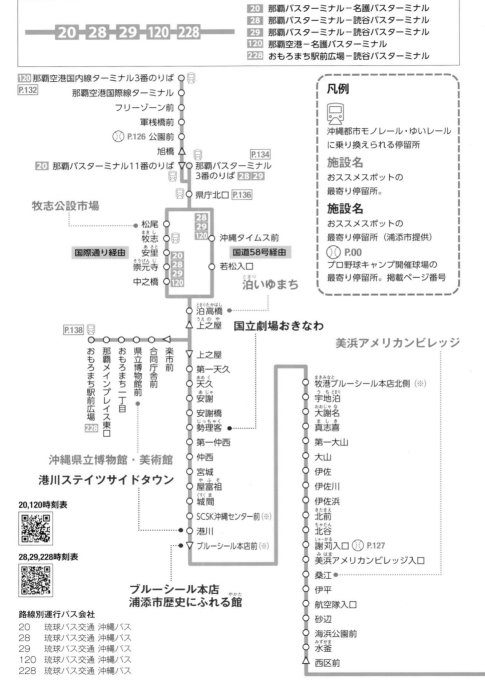

| | |
|---|---|
| 20 | 那覇バスターミナル－名護バスターミナル |
| 28 | 那覇バスターミナル－読谷バスターミナル |
| 29 | 那覇バスターミナル－読谷バスターミナル |
| 120 | 那覇空港－名護バスターミナル |
| 228 | おもろまち駅前広場－読谷バスターミナル |

20－28－29－120－228

## 凡例

沖縄都市モノレール・ゆいレールに乗り換えられる停留所

**施設名**
おススメスポットの最寄り停留所。

**施設名**
おススメスポットの最寄り停留所（浦添市提供）

P.00
プロ野球キャンプ開催球場の最寄り停留所。掲載ページ番号

120 那覇空港国内線ターミナル3番のりば P.132
那覇空港国際線ターミナル
フリーゾーン前
軍桟橋前
P.126 公園前
旭橋
20 那覇バスターミナル11番のりば
那覇バスターミナル3番のりば 28 29 P.134
県庁北口 P.136

牧志公設市場
松尾
牧志
安里
崇元寺
中之橋
国際通り経由
国道58号経由
沖縄タイムス前
若松入口
泊いゆまち

泊高橋
上之屋
国立劇場おきなわ
美浜アメリカンビレッジ

P.138
おもろまち駅前広場 東口 228
那覇メインプレイス前
おもろまち一丁目
県立博物館前
合同庁舎前
楽市前

上之屋
第一天久
天久
安謝
安謝橋
勢理客
第一仲西
仲西
宮城
屋富祖
城間
SCSK沖縄センター前（※）
港川
ブルーシール本店前（※）

牧港ブルーシール本店北側（※）
宇地泊
大謝名
真志喜
第一大山
大山
伊佐
伊佐川
伊佐浜
北前
北谷
謝苅入口 P.127
美浜アメリカンビレッジ入口
桑江
伊平
航空隊入口
砂辺
海浜公園前
水釜
西区前

沖縄県立博物館・美術館
港川ステイツサイドタウン

**20,120時刻表**

**28,29,228時刻表**

ブルーシール本店
浦添市歴史にふれる館

**路線別運行バス会社**
20　琉球バス交通 沖縄バス
28　琉球バス交通 沖縄バス
29　琉球バス交通 沖縄バス
120　琉球バス交通 沖縄バス
228　琉球バス交通 沖縄バス

（※）のバス停は2022年12月26日に現名称に変更

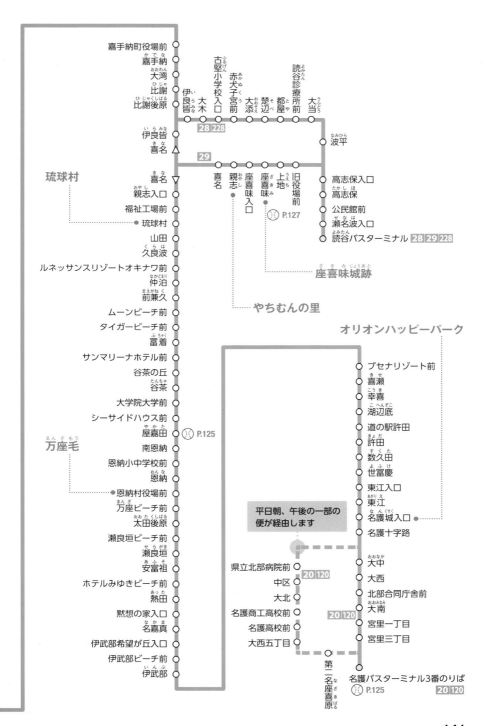

琉球村

嘉手納町役場前
嘉手納 (かでな)
大湾 (おおわん)
比謝 (ひじゃ)
比謝後原 (ひじゃくしばる)

伊良皆 (いらみな)
喜名 (きな)

喜名 (きな)
親志入口 (おやし)
福祉工場前
琉球村
山田
久良波 (くらは)
ルネッサンスリゾートオキナワ前
仲泊 (なかどまり)
前兼久 (まえがねく)
ムーンビーチ前
タイガービーチ前
富着 (ふちゃく)
サンマリーナホテル前
谷茶の丘
谷茶 (たんちゃ)
大学院大学前
シーサイドハウス前
屋嘉田 (やかた)

万座毛 (まんざもう)

南恩納
恩納小中学校前
恩納 (おんな)
恩納村役場前
万座ビーチ前 (まんざ)
太田後原 (おおたくしばる)
瀬良垣ビーチ前
瀬良垣 (せらがき)
安富祖 (あふそ)
ホテルみゆきビーチ前
熱田 (あった)
黙想の家入口
名嘉真 (なかま)
伊武部希望が丘入口
伊武部ビーチ前
伊武部 (いんぶ)

伊良皆 (いらみな)
大木 (おおき)

古堅小学校入口 (ふるげん)
赤犬子宮前 (あかぬくう)
大添 (おおええ)
楚辺 (そべ)
都屋 (とや)

読谷診療所前 (よみたん)
大当 (うふどう)

波平 (なみひら)

28 228

29

喜名 (きな)
親志 (おやし)
座喜味入口 (ざきみ)
座喜味 (ざきみ)
上地 (うえち)
旧役場前

P.127

高志保入口 (たかしほ)
高志保 (たかしほ)
公民館前
瀬名波入口 (せなは)
読谷バスターミナル (よみたん) 28 29 228

やちむんの里

座喜味城跡 (ざきみじょうあと)

オリオンハッピーパーク

ブセナリゾート前
喜瀬 (きせ)
幸喜 (こうき)
湖辺底 (こへんぞこ)
道の駅許田
許田 (きょだ)
数久田 (すくた)
世富慶 (よふけ)
東江入口
東江 (あがりえ)
名護城入口 (なんぐすく)
名護十字路

P.125

平日朝、午後の一部の
便が経由します

県立北部病院前
中区
大北
名護商工高校前
名護高校前
大西五丁目

20 120

大中 (おおなか)
大西
北部合同庁舎前
大南 (おおみなみ)
宮里一丁目
宮里三丁目

20 120

第三名座喜原 (だいさんなざきばる)

名護バスターミナル3番のりば (なご)
P.125    20 120

**141**

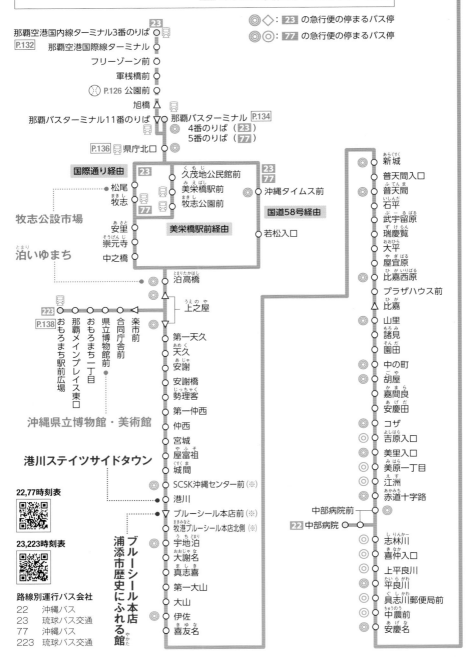

| | 22 | 中部病院－名護バスターミナル |
| --- | --- | --- |
| | 23 | 那覇空港－具志川バスターミナル |
| | 77 | 那覇バスターミナル－名護バスターミナル |
| | 223 | おもろまち駅前広場－具志川バスターミナル |

◎◇： 23 の急行便の停まるバス停
◎◎： 77 の急行便の停まるバス停

那覇空港国内線ターミナル3番のりば 23
P.132 那覇空港国際線ターミナル
フリーゾーン前
軍桟橋前
P.126 公園前
旭橋
那覇バスターミナル11番のりば 那覇バスターミナル P.134
4番のりば（ 23 ）
5番のりば（ 77 ）
P.136 県庁北口

国際通り経由 23
久茂地公民館前 23 77
松尾 美栄橋駅前 沖縄タイムス前
牧志 牧志公園前
牧志公設市場 77
安里 国道58号経由
崇元寺 美栄橋駅前経由
中之橋 若松入口
泊いゆまち
泊高橋
上之屋
223 楽市前
P.138 県立合同庁舎前
おもろまち 県立博物館前
おもろまち一丁目
那覇メインプレイス東口
おもろまち駅前広場 第一天久
天久
安謝
沖縄県立博物館・美術館 安謝橋
勢理客
第一仲西
仲西
宮城
屋富祖
城間
港川ステイツサイドタウン SCSK沖縄センター前（※）
港川
22,77時刻表 ブルーシール本店前（※）
牧港ブルーシール本店北側（※）
23,223時刻表 宇地泊
大謝名
真志喜
第一大山
大山
路線別運行バス会社 伊佐
22 沖縄バス 喜友名
23 琉球バス交通
77 沖縄バス
223 琉球バス交通

ブルーシール本店
浦添市歴史にふれる館

新城
普天間入口
普天間
石平
武宇留原
瑞慶覧
大平
屋宜原
比嘉西原
プラザハウス前
比嘉
山里
諸見
園田
中の町
胡屋
嘉間良
安慶田
コザ
吉原入口
美里入口
美原一丁目
江洲
赤道十字路
中部病院前
22 中部病院
志林川
喜仲入口
上平良川
平良川
具志川郵便局前
中農前
安慶名

（※）のバス停は2022年12月26日に現名称に変更

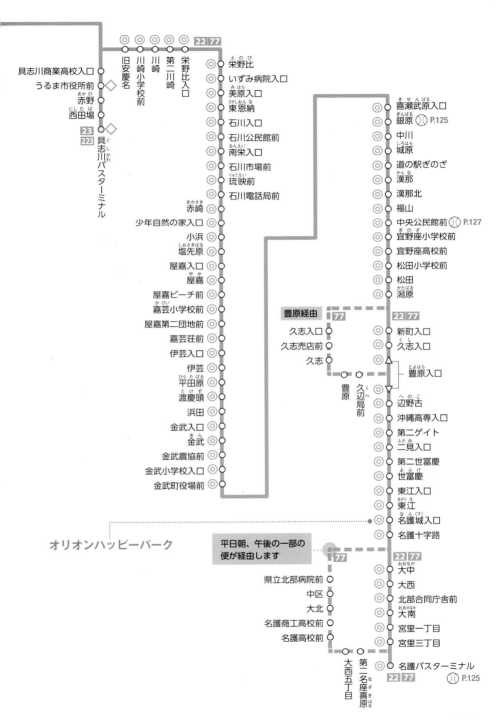

22 77

具志川商業高校入口
うるま市役所前
赤野
西田場

旧安慶名
川崎
第二川崎
栄野比入口
川崎小学校前

23 223
具志川バスターミナル

えのび
栄野比
いずみ病院入口
みはら
美原入口
ひがしおんな
東恩納
石川入口
石川公民館前
なんえい
南栄入口
石川市場前
りゅうえい
琉映前
石川電話局前

あかさき
赤崎
少年自然の家入口
小浜
しおさきばる
塩先原
屋嘉入口
やか
屋嘉
屋嘉ビーチ前
かげい
嘉芸小学校前
屋嘉第二団地前
嘉芸荘前
伊芸入口
伊芸
ひらたばる
平田原
とけいず
渡慶頭
浜田
金武入口
きん
金武
金武農協前
金武小学校入口
金武町役場前

きせんばる
喜瀬武原入口
ぎんばる
銀原 P.125
中川
しろはら
城原
道の駅ぎのざ
かんな
漢那
漢那北
福山
中央公民館前 P.127
宜野座小学校前
宜野座高校前
松田小学校前
松田
かたばる
潟原

豊原経由 77
22 77

久志入口
久志売店前
久志

豊原
く
久辺局前

新町入口
くし
久志入口
とよはら
豊原入口

へのこ
辺野古
沖縄高専入口
第二ゲイト
ふたみ
二見入口
第二世冨慶
よふけ
世冨慶
東江入口
あがりえ
東江
なんぐすく
名護城入口
名護十字路

オリオンハッピーパーク

平日朝、午後の一部の
便が経由します
77

22 77

おおなか
大中
大西
北部合同庁舎前
おおみなみ
大南
宮里一丁目
宮里三丁目

県立北部病院前
中区
大北
名護商工高校前
名護高校前

おおにしごちょうめ
大西五丁目
なざきばる
第二名座喜原

名護バスターミナル
22 77 P.125

**143**

| | 那覇バスターミナル−具志川バスターミナル |
|---|---|
| **24** | 那覇バスターミナル−具志川バスターミナル |
| **27** | 那覇バスターミナル−屋慶名バスターミナル |
| **80** | 那覇バスターミナル−屋慶名バスターミナル |
| **92** | 那覇バスターミナル−イオンモール沖縄ライカム |
| **93** | 屋慶名バスターミナル−イオンモール沖縄ライカム |
| **227** | おもろまち駅前広場−屋慶名バスターミナル |
| **777** | 那覇バスターミナル−屋慶名バスターミナル |

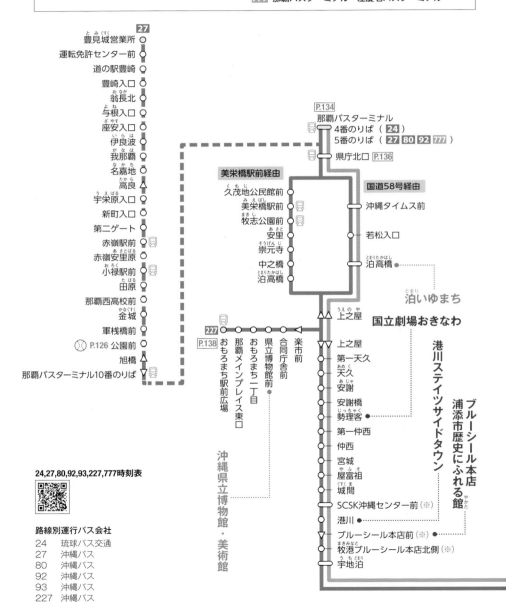

**24,27,80,92,93,227,777時刻表**

**路線別運行バス会社**
- 24　琉球バス交通
- 27　沖縄バス
- 80　沖縄バス
- 92　沖縄バス
- 93　沖縄バス
- 227　沖縄バス
- 777　沖縄バス

**144**

(※) のバス停は2022年12月26日に現名称に変更

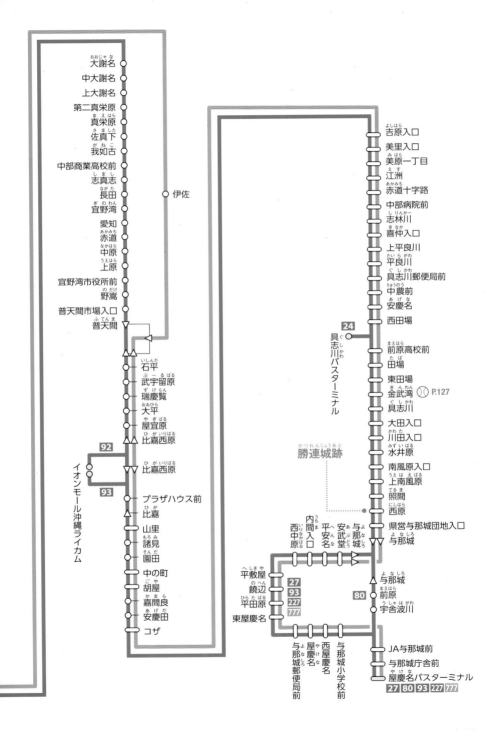

大謝名 おおじゃな
中大謝名
上大謝名
第二真栄原
真栄原 まえはら
佐真下 さましだ
我如古 がねこ
中部商業高校前
志真志 しまし
長田 ながた
宜野湾 ぎのわん
愛知 あかち
赤道 あかみち
中原 なかばる
上原 うえはら
宜野湾市役所前
野嵩 のだけ
普天間市場入口
普天間 ふてんま

石平 いしんだ
武宇留原 ぶーるばる
瑞慶覧 ずけらん
大平 おおひら
屋宜原 やぎばる
比嘉西原 ひがいりばる

92

比嘉西原 ひがいりばる

93

プラザハウス前
比嘉 ひが
山里 やまざと
諸見 もろみ
園田 そんだ
中の町
胡屋 ごや
嘉間良 かまら
安慶田 あげだ
コザ

イオンモール沖縄ライカム

伊佐 いさ

吉原入口 よしはら
美里入口 みさと
美原一丁目 みはら
江洲 えす
赤道十字路 あかみち
中部病院前
志林川 しりんかー
喜仲入口 きなか
上平良川 かみたいらがわ
平良川 たいらがわ
具志川郵便局前 ぐしかわ
中農前 ちゅうのう
安慶名 あげな
西田場

前原高校前 まえはら
田場 たば
東田場
金武湾 きんわん
具志川 ぐしかわ
大田入口 おおた
川田入口 かわた
水井原 みずいばる
南風原入口 はえばる
上南風原 かみはえばる
照間 てるま
西原 にしはら
県営与那城団地入口
与那城 よなしろ

与那城 よなしろ
前原 まえばら
宇舎波川 うしゃはがわ

24 具志川バスターミナル ぐしかわ

P.127

勝連城跡 かつれんじょうあと

西中原 にしなかばる
内間入口 うちま
平安名 へんな
安武堂 あんぶどう
与那城 よなしろ

平敷屋 へしきや
饒辺 のへん
平田原 ひらたばる
東屋慶名 ひがしやけな

27
93
227
777

与那城郵便局前 よなしろ
屋慶名 やけな
西屋慶名 にしやけな
与那城小学校前 よなしろ

80

JA与那城前
与那城庁舎前 よなしろ
屋慶名バスターミナル やけな
27 80 93 227 777

**145**

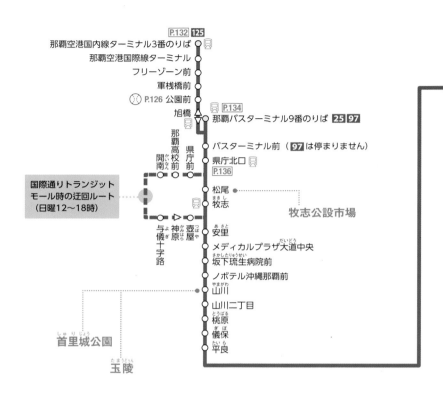

P.132 **125**
那覇空港国内線ターミナル3番のりば
那覇空港国際線ターミナル
フリーゾーン前
軍桟橋前
公園前 P.126
旭橋
P.134 那覇バスターミナル9番のりば **25 97**
バスターミナル前（**97** は停まりません）
県庁北口 P.136
那覇高校前南
県庁前
開南
松尾
牧志
国際通りトランジットモール時の迂回ルート（日曜12〜18時）
牧志公設市場
与儀十字路
神原
壺屋
安里
メディカルプラザ大道中央
坂下琉生病院前
ノボテル沖縄那覇前
山川
山川二丁目
桃原
儀保
平良
首里城公園
玉陵

**25,125時刻表**

**97時刻表**

**路線別運行バス会社**
25　那覇バス
97　那覇バス
125　那覇バス

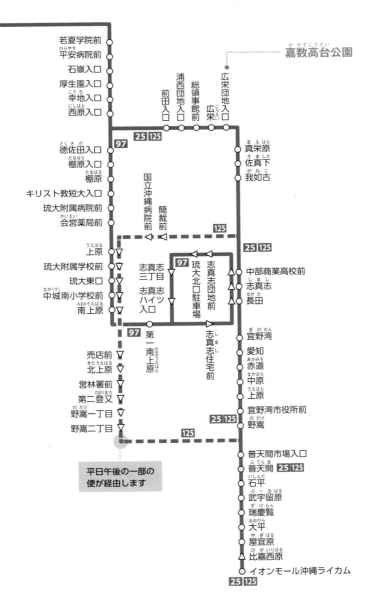

若夏学院前
平安病院前
ひらやす
石嶺入口
厚生園入口
こうち
幸地入口
にしはら
西原入口

浦西団地入口
前田入口
総領事館前
広栄団地入口
広栄
こうえい

97　25　125

嘉数高台公園
か かずこうだい

真栄原
まえはら
佐真下
さましだ
我如古
がねこ

とくさだ
徳佐田入口
たなばら
棚原入口
たなばる
棚原

キリスト教短大入口

琉大附属病院前
かいえい
会営薬局前

国立沖縄病院前
簡裁前

125

うえばる
上原

琉大附属学校前

琉大東口
なかぐすく
中城南小学校前
みなみうえばる
南上原

志真志三丁目

志真志ハイツ入口

琉大北口駐車場

97　志真志団地前

志真志
しまし
長田
ながた

中部商業高校前

25　125

97　第一南上原

くなみうえばる

志真志住宅前
しまし

ぎ の わん
宜野湾
愛知
あかみち
赤道
なかはら
中原
うえはら
上原

売店前
きたうえばる
北上原

営林署前
のぼりまた
第二登又
のだけ
野嵩一丁目
野嵩二丁目

宜野湾市役所前
のだけ
野嵩

25　125

125

平日午後の一部の
便が経由します

普天間市場入口
ふてんま
普天間
いしんだ
石平
ぷー る ばる
武宇留原
ずけらん
瑞慶覧
おおひら
大平
やぎばる
屋宜原
ひ がいりばる
比嘉西原

25　125

イオンモール沖縄ライカム

25　125

| 31 | 那覇バスターミナル－泡瀬営業所 |
| 60 | イオンモール沖縄ライカム－泡瀬営業所 |
| 331 | 那覇バスターミナル－泡瀬営業所 |

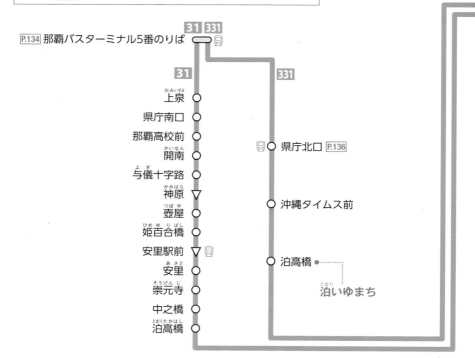

P.134 那覇バスターミナル5番のりば **31** **331**

**31**

上泉
かみいずみ

県庁南口

那覇高校前

開南
かいなん

与儀十字路
よぎ

神原
かみはら

壺屋
つぼや

姫百合橋
ひめゆりばし

安里駅前

安里
あさと

崇元寺
そうげんじ

中之橋

泊高橋
とまりたかはし

**331**

県庁北口 P.136

沖縄タイムス前

泊高橋
あさと

泊いゆまち
とまり

**31,60,331時刻表**

**路線別運行バス会社**
31　東陽バス
60　東陽バス
331　東陽バス

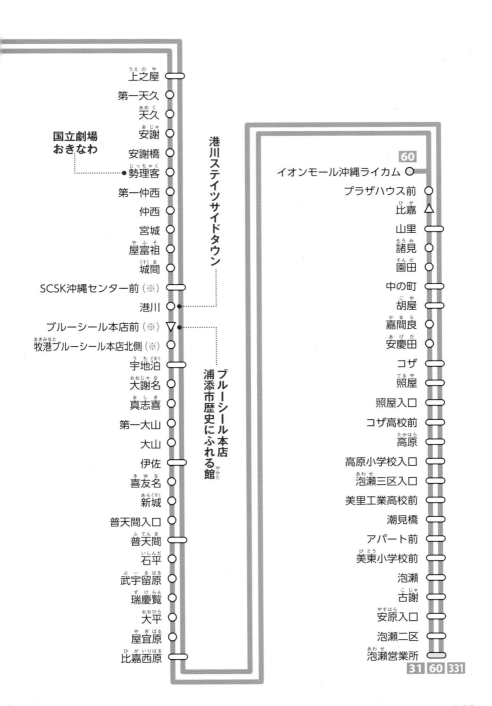

上之屋（うえのや）
第一天久
天久（あめく）
安謝（あじゃ）
安謝橋
●勢理客（じっちゃく）
第一仲西
仲西
宮城
屋富祖（やふそ）
城間（ぐすくま）
SCSK沖縄センター前（※）
港川
ブルーシール本店前（※）
牧港ブルーシール本店北側（※）（まきみなと）
宇地泊（うちどまり）
大謝名（おおじゃな）
真志喜（ましき）
第一大山
大山
伊佐
喜友名（きゆな）
新城（あらぐすく）
普天間入口
普天間（ふてんま）
石平（いしんだ）
武宇留原（ぶーるばる）
瑞慶覧（ずけらん）
大平（おおひら）
屋宜原（やぎばる）
比嘉西原（ひがいりばる）

国立劇場
おきなわ

港川ステイツサイドタウン

ブルーシール本店
浦添市歴史にふれる館（やかた）

60
イオンモール沖縄ライカム
プラザハウス前
比嘉（ひが）
山里
諸見（もろみ）
園田（そんだ）
中の町
胡屋（ごや）
嘉間良（かまむら）
安慶田（あげだ）
コザ
照屋（てるや）
照屋入口
コザ高校前
高原（たかはら）
高原小学校入口
泡瀬三区入口（あわせ）
美里工業高校前
潮見橋
アパート前
美東小学校前（びとう）
泡瀬
古謝（こじゃ）
安原入口（やすはら）
泡瀬二区
泡瀬営業所（あわせ）
31 60 331

（※）のバス停は2022年12月26日に現名称に変更

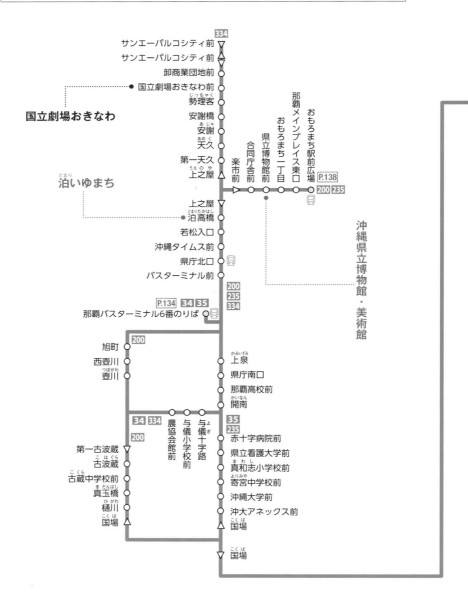

34 35 200 235 334

34 那覇バスターミナル－糸満バスターミナル
35 那覇バスターミナル－糸満バスターミナル
200 おもろまち駅前広場－糸満バスターミナル
235 おもろまち駅前広場－糸満バスターミナル
334 サンエーパルコシティ前－糸満バスターミナル

334
サンエーパルコシティ前
サンエーパルコシティ前
卸商業団地前
● 国立劇場おきなわ前
勢理客（じっちゃく）
安謝橋
安謝（あじゃ）
天久（あめく）
第一天久
上之屋（うえのや）

国立劇場おきなわ

泊いゆまち（とまり）

上之屋
● 泊高橋（とまりたかはし）
若松入口
沖縄タイムス前
県庁北口
バスターミナル前

楽市前

合同庁舎前
県立博物館前
おもろまち一丁目
おもろまち一丁目（駅前）
那覇メインプレイス東口
おもろまち駅前広場 P.138
200 235

沖縄県立博物館・美術館

P.134 34 35
那覇バスターミナル6番のりば
200 235 334

旭町
西壺川
壺川（つぼがわ）

200

34 334
農協会館前
200

与儀小学校前（よぎ）
与儀十字路

上泉（かみいずみ）
県庁南口
那覇高校前
開南（かいなん）

35 235
赤十字病院前
県立看護大学前
真和志小学校前（まわし）
寄宮中学校前（よりみや）
沖縄大学前
沖大アネックス前
国場（こくば）

第一古波蔵
古波蔵（こはぐら）
古蔵中学校前（こくら）
真玉橋（まだんばし）
樋川（ひがわ）
国場（こくば）

国場（こくば）

150

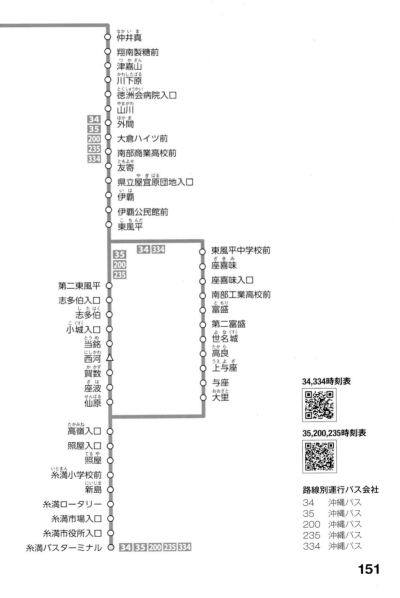

なかいま
仲井真

翔南製糖前
つかざん
津嘉山
かわしたばる
川下原
とくしゅうかい
徳洲会病院入口
やまがわ
山川
ほかま
**34** 外間
**35**
**200** 大倉ハイツ前
**235** 南部商業高校前
**334** ともよせ
友寄
県立屋宜原団地入口
いは
伊覇

伊覇公民館前
こちんだ
東風平

**35** 　**34** **334** 東風平中学校前
**200**　　　ざきみ
**235**　　　座喜味

座喜味入口

第二東風平　　　南部工業高校前
ともり
志多伯入口　　　富盛
したはく
志多伯　　　第二富盛
こぐすく　　　よなぐすく
小城入口　　　世名城
とうめ　　　たから
当銘　　　高良
にしかわ　　　うえよざ
西河　△ 　上与座
かかず
賀数　　　与座
ざは　　　おおざと
座波　　　大里
せんばる
仙原

たかみね
高嶺入口
照屋入口
てるや
照屋
いとまん
糸満小学校前
にいじま
新島
糸満ロータリー
糸満市場入口
糸満市役所入口
糸満バスターミナル **34** **35** **200** **235** **334**

**34,334時刻表**

**35,200,235時刻表**

**路線別運行バス会社**
34　沖縄バス
35　沖縄バス
200　沖縄バス
235　沖縄バス
334　沖縄バス

**151**

**MAP 1** 南部
糸満市 八重瀬町 南城市 豊見城市

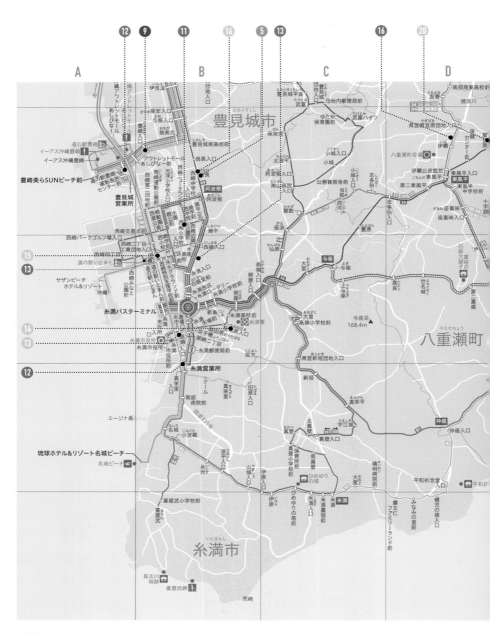

## マップの凡例

| | |
|---|---|
| 23 | バスの系統番号 |
| | バス停 |
| | 複数の路線が通るバス停 |
| | 片方向のみ停車するバス停 |
| 23 | ある系統のうち、一部の便のみが経由する区間 |
| | 起終点のバス停 |

| | |
|---|---|
| 美栄橋 | ゆいレール駅 |
| 西原IC | 高速道路のインターチェンジ |
| 伊佐 | 主要交差点名 |
| | バスレーン実施区間（朝または夕） |

凡例アイコン: 旅客船が発着する港／空港／世界遺産／美術館・博物館／史跡・旧跡／景勝地／ビーチ／道の駅／リムジンバス等が停まるホテル／テーマパーク等複合型施設／その他の主な観光施設／沖縄県庁／市役所／町村役場／大学・短大／警察署／その他の主な公共施設／N

- ● サンエー
- ● かねひで
- ● ユニオン
- ● リウボウストア
- ● 丸大
- ● 道の駅

太平洋

沖縄本島全図

枠線の幅は約2.5km

MAP1 MAP2 MAP3 MAP4 MAP5 MAP6 MAP7 MAP8

# 那覇中心部周辺

## 那覇市 豊見城市(とみぐすく) 糸満市(いとまん) 南風原町(はえばるちょう) 八重瀬町(やえせちょう)
## 南城市(なんじょう) 与那原町(よなばるちょう) 西原町(にしはらちょう) 浦添市(うらそえ)

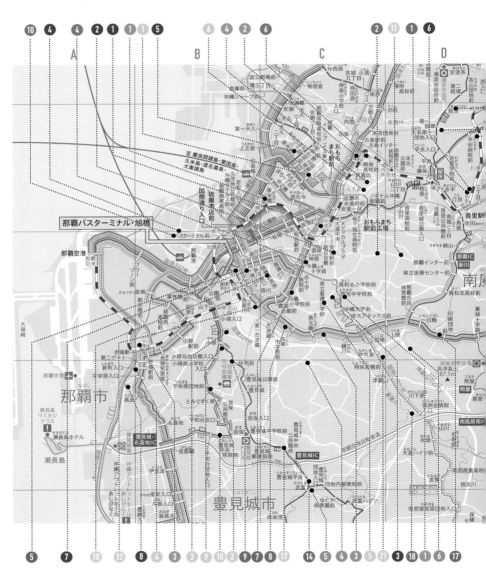

# 那覇中心部周辺

## 那覇市 豊見城市 糸満市 南風原町 八重瀬町
## 南城市 与那原町 西原町 浦添市

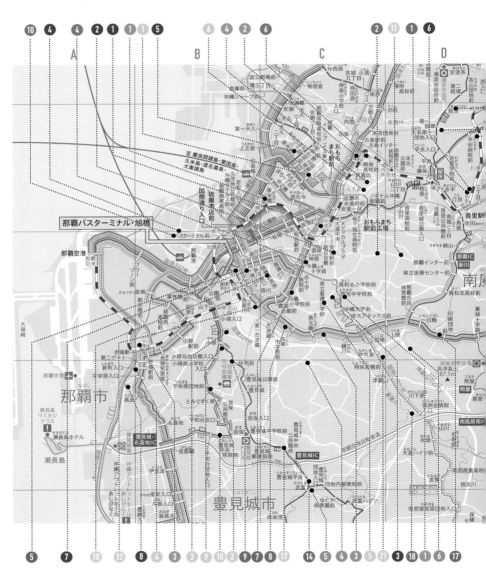

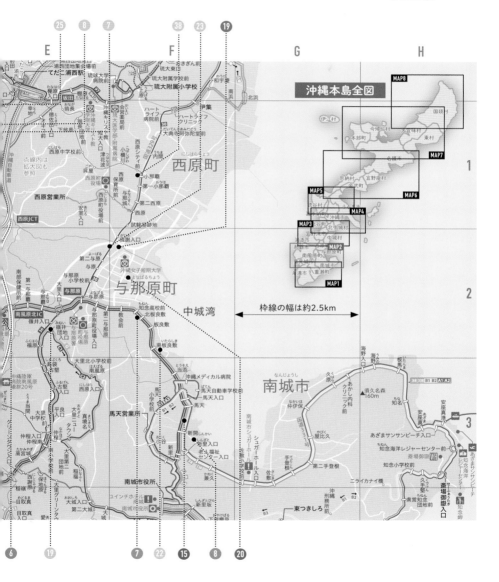

サンエー
かねひで
ユニオン
リウボウストア
丸大
道の駅

沖縄本島全図

枠線の幅は約2.5km

東シナ海

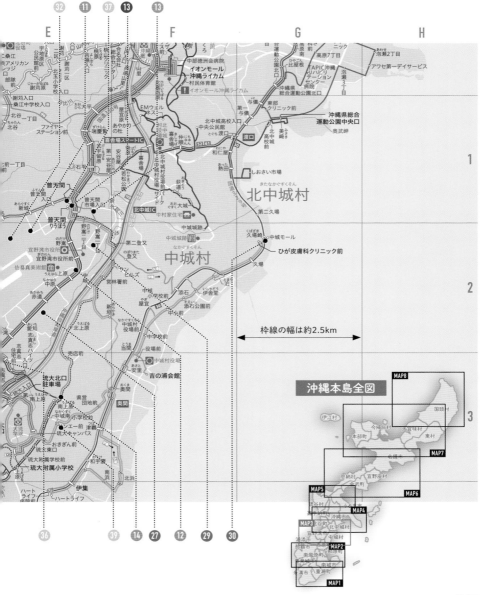

● サンエー
● かねひで
● ユニオン
● リウボウストア
● 丸大
● 道の駅

枠線の幅は約2.5km

沖縄本島全図

**MAP 4**

宜野湾市 北谷町 北中城村 沖縄市
嘉手納町 読谷村 うるま市

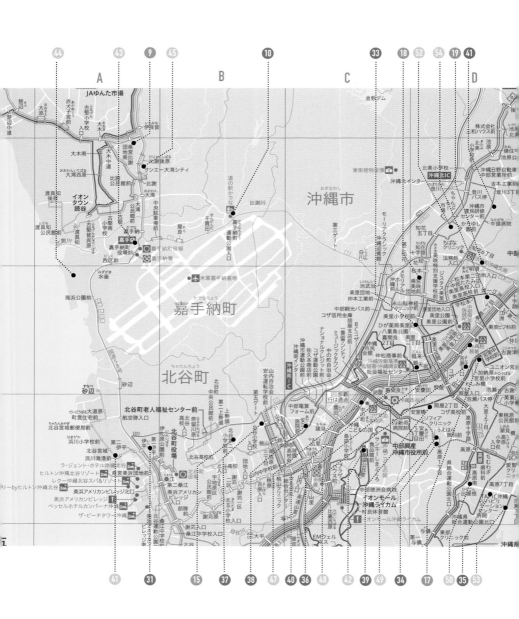

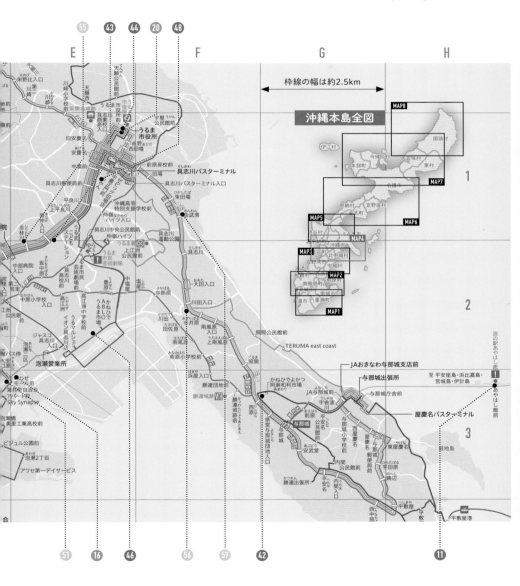

サンエー
かねひで
ユニオン
リウボウストア
丸大
道の駅

枠線の幅は約2.5km

沖縄本島全図

159

**MAP 5**

沖縄市 嘉手納町 読谷村
うるま市 恩納村 金武町

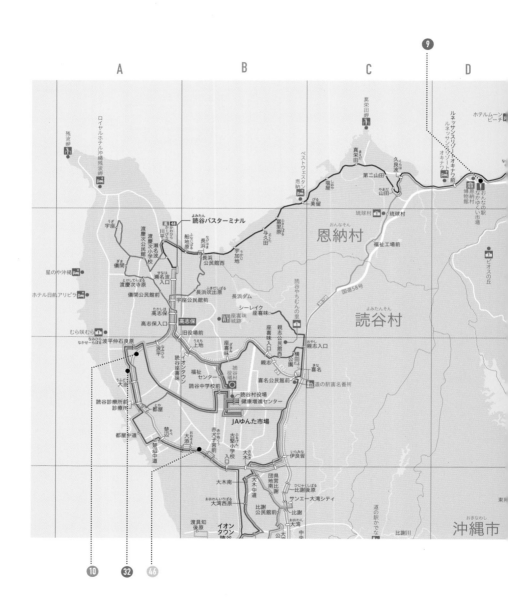

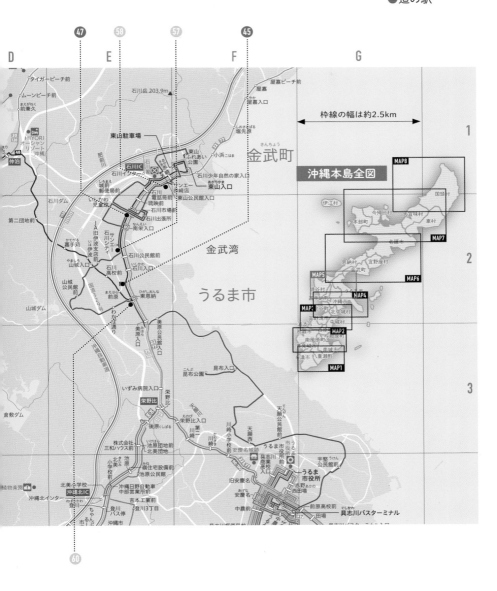

凡例（右上）:
- サンエー
- かねひで
- ユニオン
- リウボウストア
- 丸大
- 道の駅

枠線の幅は約2.5km

沖縄本島全図

金武町

金武湾

うるま市

# MAP 6

恩納村 うるま市 金武町
宜野座村 名護市 東村

サンエー
かねひで
ユニオン
リウボウストア
丸大
道の駅

E　　　F　　　G

⑥⑦　❺⓪

宇根山
283.6m

名護市

多野岳
385.1m

▲名護岳 345.2m

一ツ岳 295.4m

有津

天仁屋入口

天仁屋崎

二見

大浦湾

332m

安部

安部崎

安部オール島

辺野古

辺野古崎

長島

平島

枠線の幅は約4.6km

太 平 洋

沖縄本島全図

MAP3

伊江村

今帰仁村

本部町

国頭村

大宜味村

東村

MAP7

MAP5

恩納村

宜野座村

名護市

MAP6

MAP4

読谷村

沖縄市

北中城村

中城村

MAP3

MAP2

浦添市

南城市

MAP1

那覇市

南風原町

豊見城市

八重瀬町

0

1

2

3

4

**163**

# MAP 7 やんばる
### 名護市 本部町 今帰仁村 大宜味村 東村 国頭村

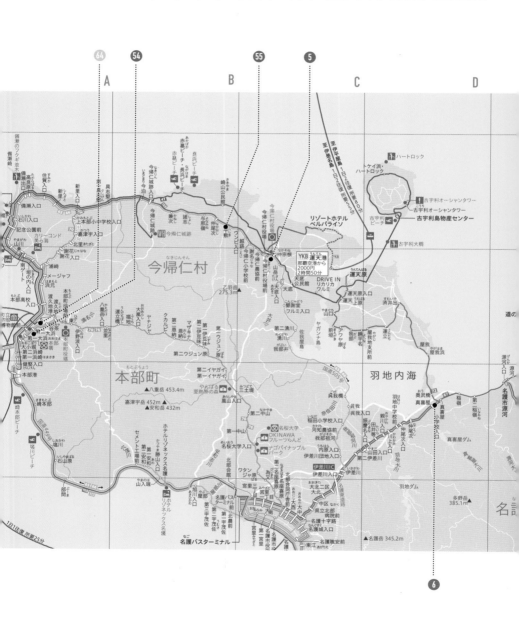

サンエー
●かねひで
ユニオン
●リウボウストア
丸大
●道の駅

E　　　F　　　G　　　H

道の駅ゆいゆい国頭🏯奥間
半地共同売店前　奥間ビーチ入口
田嘉里　エコ・スポレク公園
入口
田嘉里川　南須川
比地大滝

与那覇岳
503m
与那覇岳
天然保護区域

クイナ湖

タナガーグムイの
植物群落

安波川
安波
安波ダム

大宜味村役場前
サヌマ石
ひぎぬ　第一喜如嘉高校前　第一喜如嘉
饒波入口
大宜味村役場前
大宜味
大兼久
大宜味
大宜味村
根路銘　運動場

赤又山
267m

伊湯岳 446m

新川川

新川湖
新川ダム

大崎

駅おおぎみ前
安根
塩結の浜
塩屋入口
塩屋橋
宮城
入口

ネクマチヂ岳 360.7m
塩屋富士
317.4m
押川
田港御嶽の植物群落

大宜味村

大川

玉辻山
289.3m

大保ダム

福地ダム

イェラーマタ

ハラマタ

サンスマタ

東村

新川崎

高江売店前

たかえ

車くるま

第三宇出那覇
第二宇出那覇
宇出那覇
うでぃなは
平良共同売店前
東村役場
福地付近Y字路
山と水の生活
博物館

宮城
第二団地
宮城第三班
宮城
第一団地
イ・ガマ

魚泊うおどまり

ギナン崎

MAP8

▲津波山 235.7m

東村役場
道の駅ひがし
東村農協
ファライズひがし
川田

慶佐次
伊是名いぜな

沖縄本島全図

MAP7

慶佐次川
慶佐次
げさし前
オアシス

慶佐次
げさし前
石田

有銘共同売店前
慶佐次6班入口
スクバマ

有銘川
有津
あっつ

慶佐次
有津

枠線の幅は約4.6km

伊江村

本部町

今帰仁村

大宜味村
東村

国頭村

名護市

MAP6

恩納村

宜野座村

MAP5

MAP4

金武町

読谷村
嘉手納町
沖縄市
北谷町
中城村

MAP3

浦添市

MAP2

那覇市
南風原町
南城市

豊見城市
糸満市　重瀬町

MAP1

# MAP 8

## やんばる
### 国頭村 大宜味村 東村
くにがみそん おおぎみそん ひがしそん

- サンエー
- かねひで
- ユニオン
- リウボウストア
- 丸大
- 道の駅

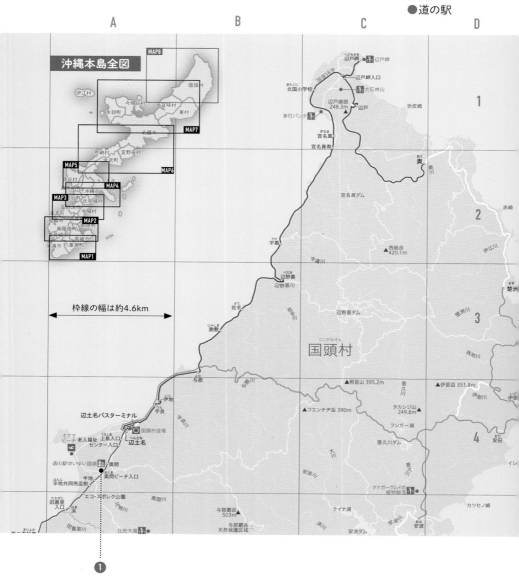

沖縄本島全図

MAP8

伊江村

国頭村

今帰仁村
大宜味村
本部町
東村

MAP7

恩納村 宜野座村
読谷村 金武町

MAP5

MAP6

MAP4
うるま市
沖縄市
北谷町
MAP3 宜野湾市
浦添市 中城村
MAP2
南風原町
那覇市 西原町
MAP1
豊見城市 八重瀬町

枠線の幅は約4.6km

辺戸岬
辺戸岬 辺戸岬
北国小学校
辺戸岬入口
大石林山
辺戸御嶽
248.3m
辺戸
茅打バンタ
世皮崎
宜名真
宜名真南
奥
奥川

宜名真ダム

西銘岳
420.1m
伊江川

赤崎

宇嘉
宇嘉川
楚洲

辺野喜
辺野喜川
辺野喜ダム
楚洲川
喜瀬

佐手
謝敷
出井川
国頭村
くにがみそん
我地川

与那
手良
与那川
照首山 395.2m
普久川
伊部岳 351.8m
普久川
伊部

辺土名バスターミナル
伊地
フエンチヂ岳 390m
タカシジ山
249.8m
普久川ダム
安田

オクマ
ビーチ入口 老人福祉
センター入口
辺土名
国頭村役場
上島入口
辺野喜
フンガー湖

道の駅ゆいゆい国頭 奥間
奥間
奥間ビーチ入口
半地
半地共同売店前
エコ・スポレク公園
大川
安波川
タナガーグムイの
植物群落
安田

田嘉里
入口
奥間川
与那覇岳
503m
クイナ湖
安波
カツセノ崎

田嘉里川
比地大滝
与那覇岳
天然保護区域
安波ダム
安波

❶

# MAP 9 離島

● サンエー
　宮古島に3店舗
　石垣島に1店舗
● かねひで
　宮古島に1店舗
　石垣島に1店舗

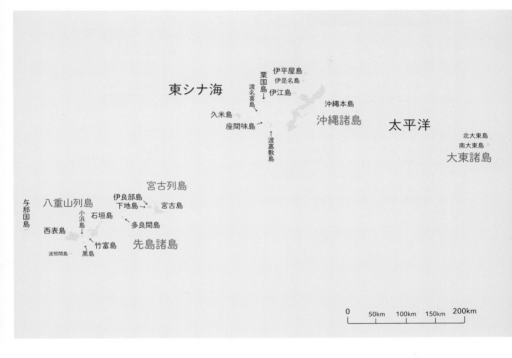

東シナ海

伊平屋島
粟国島
伊是名島
渡名喜島
伊江島

久米島
座間味島
↑渡嘉敷島

沖縄本島
沖縄諸島

太平洋

北大東島
南大東島
大東諸島

宮古列島

伊良部島
下地島 →　宮古島

八重山列島

与那国島

小浜島
石垣島
西表島
多良間島

波照間島　黒島
竹富島　先島諸島

0　　50km　100km　150km　200km

**編著者**
**室井昌也**（むろい まさや）

日本で唯一の韓国プロ野球が専門のジャーナリスト。「韓国プロ野球の伝え手」として取材、執筆をはじめ様々な活動を日韓のメディアを中心に行っている。沖縄とはプロ野球キャンプ取材をきっかけに縁が深まり、現在ではほぼ毎週東京から沖縄に通い、生放送のラジオ番組『室井昌也 ボクとあなたの好奇心』（FMコザ）に出演。2022年に刊行した書籍「沖縄の路線バス おでかけガイドブック」は23年4月に沖縄の書店員が選ぶ「第9回沖縄書店大賞　沖縄部門大賞」を受賞した。1972年東京生まれ、日本大学芸術学部演劇学科中退。ストライク・ゾーン代表。

■編著・取材・撮影
　室井昌也

■表紙イラスト
　ぎすじみち

■路線バス情報提供
　谷田貝 哲（バスマップ沖縄）

■デザイン
　田中宏幸（田中図案室）

■取材協力
　株式会社サンエー
　金秀ホールディングス株式会社
　金秀商事株式会社
　株式会社野嵩商会
　株式会社リウボウストア
　株式会社丸大
　（掲載順）

■写真提供
　沖縄観光コンベンションビューロー
　国頭村観光協会
　一般社団法人うるま市観光物産協会

■撮影協力
　イラミナセイキ
　仲本雄哉
　仲本光希

# 沖縄のスーパー
## お買い物ガイドブック

2023年 12月10日　初版第一刷発行
2024年 1月25日　初版第二刷発行

編　著：室井昌也
発行所：論創社
　　　　東京都千代田区神田神保町2-23 北井ビル
　　　　TEL 03-3264-5254
　　　　https://www.ronso.co.jp/

印刷・製本：丸井工文社

©沖縄のスーパー お買い物ガイドブック
Printed in Japan　ISBN 978-4-8460-2356-0

落丁・乱丁本はお取り替え致します。